Caminos 1

NIOBE O'CONNOR

Poynton County High School and Henbury High School, Cheshire

RON WALLACE

Head of Spanish, Hazelwick School, Crawley

KAREN HOUSE

South Nottingham College

Acknowledgements

The authors would like to thank the following for their assistance in preparing this book:
Instituto San Isidoro, Sevilla; Instituto Vicente Aleixandre, Triana; the Sedman, López Garfía, O'Connor and House families; Ruth Harper; Gwen Regan; Paul Robinson; Chris O'Neill; Jan Clifford.

Photographs – Ron Wallace, Niobe O'Connor, John Connor.
Cover photograph – J. Allan Cash Ltd.

Songs – Lyrics: Niobe O'Connor. Music: John Connor. Performed by John Connor, Pete O'Connor, María Luisa Martínez Ortega and Lidia Martínez Martínez. Recorded at Gun Turret Studios, Bromsgrove.
© MGP 1996

Recordings – Nordqvist Productions, Studio Curiosa, Altea, Alicante, Spain, with professional Spanish actors. Artistic Director: Clara Suñer. Technician: José María Bazán. Producer: Laban Frederiksen. Post production: Johan Nordqvist.
Voices – Antonio García; Mariela Serrano; Mamen López; David Garzón; José Angel Tello; Antonio Pérez; Sonia Natalias; María José Regalado; Covadonga Ordóñez; Antonio Becares; Concha Moreno; Juan Carlos Marín; Ana Gutiérrez; Begoña Vilaplana; Guillermo Llopis; José María Bazán; Clara Suñer.

Illustrations – Jean de Lemos, Linda Jeffrey.

Designed by Ann Samuel.

First published in 1996 by Mary Glasgow Publications
An imprint of Stanley Thornes (Publishers) Ltd.
Ellenborough House
Wellington Street
Cheltenham GL50 1YW

98 99 / 10 9 8 7 6 5 4 3 2

A catalogue record for this book is available from the British Library.

ISBN 0 7487 2285 8

Printed in Italy.

Indice de materias

En clase

Profe

Hay que ... / vamos a ...	You have to ... / We're going to ...
... abrir / cerrar los libros	open / close the books
... copiar el título	copy the title
... escribir los deberes en la agenda	write your homework in your diary
... escuchar la cinta	listen to the tape
... leer la historia	read the story
... mirar el proyector / la pizarra	look at the projector / at the board
... practicar / trabajar en parejas	practise / work in pairs
... recoger todo	pack everything away
... repetir todos juntos	repeat all together
... sacar los libros y cuadernos	get out your books and exercise-books
Callaos / cállate	Be quiet
Levantaos / levántate	Stand up
Sentaos / siéntate	Sit down
Voy a pasar lista	I'm going to take the register

Alumno/a

Absent / present	No está / yo, sí
Can I open / close the window?	¿Puedo abrir / cerrar la ventana?
Can I go to the toilet?	¿Puedo ir al servicio?
Can you let me have a biro / a worksheet?	¿Me dejas un boli / una hoja de actividades?
Do we do it at the front or the back?	¿Se hace por delante o por detrás?
Do we do it in rough or in neat?	¿Se hace en sucio o en limpio?
I don't know / I don't understand	No lo sé / No entiendo
I've forgotten (my exercise-book)	Se me ha olvidado (el cuaderno)
How do you say ... in Spanish / in English?	¿Cómo se dice ... en español / en inglés?
How do you spell ...?	¿Cómo se escribe ...?
It's my turn / it's your turn	Me toca a mí / te toca a ti
Please / thank you	Por favor / gracias
What number is it?	¿Qué número es?
What page is it?	¿Qué página es?
Whose turn is it?	¿A quién le toca?

Libro

Apunta	Jot down, note
Canta	Sing
Completa el cuadro / los globos	Complete the grid / the speech bubbles
Contesta	Answer
Elije	Choose
Empareja (la persona y el dibujo)	Match up (the person and the drawing)
Escucha	Listen
Escribe	Write
Lee	Read
Mira los dibujos	Look at the drawings
¿Quién habla?	Who's speaking?
Pregunta	Ask
Trabaja / túrnate con tu pareja	Work /take turns with your partner
Rellena los huecos	Fill the gaps
¿Verdad o mentira?	True or false?

Nuevos amigos

Objetivo A ¡Hola! ¿Cómo te llamas?
Objetivo B ¿Cómo se escribe?
Objetivo C ¿Cómo se dice?

¡Esto es Sevilla!

¡Hola! »

¡Bienvenidos a España!

1A OBJETIVO
¡Hola! ¿Cómo te llamas?

¡Hola! Me llamo Pilar.

¡Hola! Me llamo Isabel.

¡Hola! Me llamo José Luis.

¡Hola! Me llamo Carlos.

1 Me presento

Escucha y lee. Preséntate a tu clase.

'¡Hola! Me llamo ....'

En el patio

Pilar, ¿qué tal?

Isabel es inglesa, de Liverpool.

Carlos, ¡hola!

Bien.

Hola, Isabel, ¿qué tal?

Muy bien, ¿y tú?

José Luis, ¿qué tal?

¡Hola! ¿Cómo te llamas?

Regular.

¡Fenomenal!

Me llamo Isabel.

¿Tomás? ¿Qué tal está Tomás?

Fatal, Pilar, fatal.

¡Isabel!

2 En el patio

fenomenal

bien

muy bien

◆ Empareja la persona y el dibujo.

Ejemplo

Tomás

Tomás
José Luis
Isabel
Carlos
Pilar

fatal

regular

♣ ¿Isabel es española o inglesa?

3 ¿Qué tal?

Escucha las cinco conversaciones. ¿Quién habla?

Ejemplo **1** Belén

Alicia

Belén

Carlos

David

Elena

4 ¿Y tú?

◆ Pregunta a las personas de tu clase.

A ¡Hola! ¿Qué tal?

B Muy bien. ¿Y tú?

♣ ¿Qué tal están los amigos? Utiliza las fotos en actividad 3.

A ¡Hola! Me llamo Alicia. ¿Y tú?

B Me llamo Carlos. ¿Qué tal?

Fenomenal, gracias. ¿Y tú?

Regular.

5 Poema

◆ Escribe un poema.

♣ Inventa un diálogo, con fotos o dibujos, entre tú y tu ídolo.

¡hola! / ¡adiós!
¿qué tal? / bien
muy bien / fenomenal
regular / fatal

Cristobal / Lola / Carlos
Carmen / Pilar / Marcos

Ejemplo
¿Qué tal, Cristobal?
¡Regular, Pilar!

💡 → ¡Hola! ¿Qué tal**?**

1B OBJETIVO
¿Cómo se escribe ..?

1 El alfabeto

a Escucha y pronuncia.

b Escribe en el orden
de la cinta.

   b c d f l m n p r s t

c Escucha y lee. ¿Qué letras faltan?

   g h j k ñ q v w x y z

d ¿Qué nombre es?
Paca / Paco   Juan / Gina
Toni / Toñi   Gabi / Javi

e Escucha y canta el alfabeto.

a (ah)	b (beh)	c (theh)	d (deh)	e (eh)
f (eff-eh)	g (heh)	h (atch-eh)	I (ee)	j (hota)
k (ka)	l (el-eh)	m (em-eh)	n (en-eh)	ñ (en-yeh)
o (oh)	p (peh)	q (coo)	r (er-eh)	s (ess-eh)
t (teh)	u (oo)	v (oo-veh)	w (oo-veh-dob-leh)	
x (eh-kees)	y (ee-gree-eh-ga)	z (theh-ta)		

2 Con tu pareja

A traza una letra
B adivina

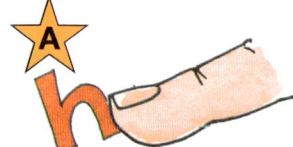 

¡ h !

Pasando lista

¡Shhh! ¡Callaos! ¿Fernando Pretus?

Yo.

¿Juanita Talavera?

Sí

¿Ana? ¿Ana Velázquez?

No está.

¿Tomás Willou ... Willough ...

Tomás Willoughby.

Ahh - de Liverpool, en Inglaterra ¿no?

Sí

¿Cómo se escribe Willoughby? W-i-l-l-o-u ...

... g-h-b-y

..g-h-b-y. Vale, gracias. Siéntate, Tomás.

¡Hola! Me llamo Pepa.

Hola. ¿Qué tal?

¡Fatal! ¿Y tú?

¡Fatal!

3 Pasando lista

◆ Completa los globos.

♣ Completa la lista con ✔ o ✘.

Ejemplo 25 ✔

25 Carmen Ortega Soler
26 Fernando Pretus Labayen
27 Juanita Talavera Durán
28 Ana Velázquez Ramiro
29 Tomás Willoughby
30 Pepa Yessef Varillas

4 La excursión

a Escribe los nombres en orden alfabético.

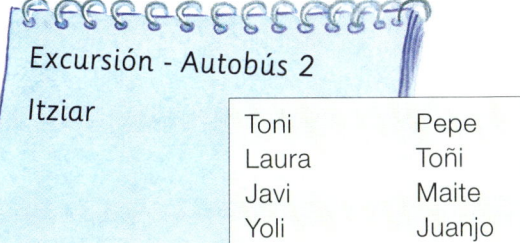

Excursión - Autobús 2

Itziar

Toni	Pepe
Laura	Toñi
Javi	Maite
Yoli	Juanjo
Margarita	Itziar

 b En el autobús

◆ La profesora pasa lista. Escribe ✔ o ✘.

Ejemplo Itziar ✔

♣ ¿Es más popular **yo** o **sí**?

yo / sí ✔
no está ✘

5 En tu clase

Pasa lista en tu clase, en español. ¿Es más popular **yo** o **sí**?

6 La ficha

◆ Rellena una ficha para ti.

♣ Rellena una ficha para Isabel, Tomás y Pepa.

Nombre

Apellido

¿Cómo se escribe tu nombre?   Mi nombre se escribe ...
¿Cómo se escribe tu apellido?   Mi apellido se escribe ...

1C OBJETIVO
¿Cómo se dice ....?

1 Los números

a Escucha y lee.

b ¿Qué puerta es?

◆ Apunta el número.

	Destino	Puerta
Ejemplo	**Bruselas**	3
	Dublín	
	Edimburgo	
	Londres	
	Río de Janeiro	
	Valencia	

♣ ¿Cuál es el vuelo para Valencia?

AV 175 · IB 751 AV 715 IB 571

2 El juego de los dedos

¿Qué número es? ¡Tienes cinco segundos!

A ¿Qué número es?

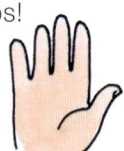

¡Ahh....ocho! B

3 Los deberes de inglés

◆ ¿Quién lo dice?

Ejemplo 1: José Luis

1 ¿Cómo se dice 'se me ha olvidado' en inglés?
2 ¿Otra vez, por favor?
3 Quickly …. ¿y cómo se escribe?
4 No lo sé, ni idea.

♣ ¿Cómo se dice en inglés?

1 se me ha olvidado   3 inglés
2 deberes   4 ¡qué bien!

> ¿Cómo se dice … en español?
> ¿Cómo se dice … en inglés?
> no lo sé, ni idea,
> se me ha olvidado

4 Con tu pareja

¿Cuántas respuestas correctas en un minuto?

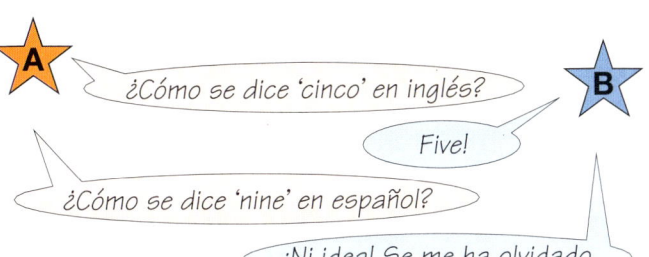

A — *¿Cómo se dice 'cinco' en inglés?*
B — *Five!*
¿Cómo se dice 'nine' en español?
¡Ni idea! Se me ha olvidado.

5 Juegos

a Escucha y lee.

b La lotería. Escribe seis números entre 1 y 19.
Escucha el ordenador.
¿Cuántos números tienes?

c El juego de ¡Otra Vez!
Pon las cartas en orden,
según el ordenador.

once   doce   trece

catorce   quince   dieciséis

diecisiete   dieciocho   diecinueve

6 ¡Otra vez!

Con tu pareja:

A + **B**: elegid seis números entre 1 y 19.
Ejemplo 3, 4, 6, 12, 15, 17.

B: en secreto escribe los números
en otro orden.
Ejemplo: 4, 12, 6, 17, 3, 15.

A: adivina el orden de **B**.

B: dice o 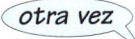.

¿Cuántos segundos
para adivinar?

A — ¡Tres! ¡Cuatro! ¡Diecisiete! ¡Seis! ¡Doce!
B — ¡Otra vez! ¡Sí! ¡Otra vez! ¡Otra vez! ¡Sí!

Acción Lengua

1 ¡El español no es difícil!

◆ Completa la lista en inglés.

 🇪🇸	 🇬🇧
fotos	*photos*
grupo	
minuto	
personas	
clase	
lista	

♣ ¿Hay más palabras en las páginas 2–8 que son similares en inglés y español? Con tu pareja, escribe una lista. ¡Tienes cinco minutos!

español	*inglés*
inventa	*invent*

2 Instrucciones

¿Cómo se dice en inglés? *Ejemplo* **a** *ask*

a

pregunta

b

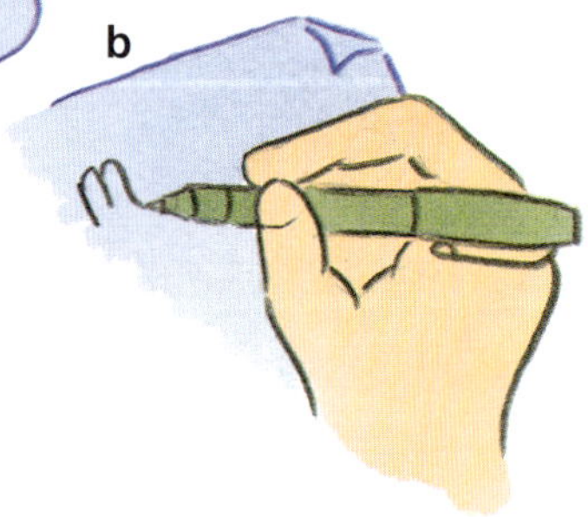

escribe

c

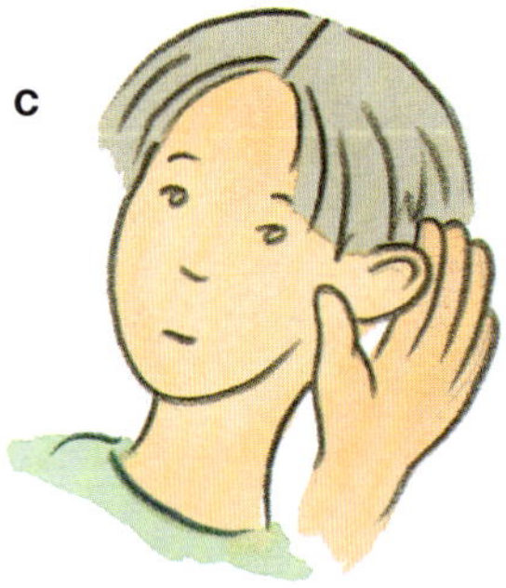

escucha

d

lee

e

canta

f

completa

g

rellena

h

empareja

En clase

Objetivo A ¿Me dejas ...?
Objetivo B ¿Se hace ...?
Objetivo C ¿A quién le toca?

CONTENIDO

12	LAPICES COLOR
10	ROTULADORES
1	LAPIZ GRAFITO
1	BOLIGRAFO TINTA AZUL
1	REGLA CUADRADILLO
1	LUPA
1	PLANTILLA DE CURVAS
1	PLANTILLA DE LETRAS
1	CARTABON
1	SEMICIRCULO
1	GOMA
1	SACAPUNTAS

En septiembre, hay que comprar cosas para el estuche y la mochila en ...

una papelería

un gran almacén

la fachada

el patio

En Gran Bretaña

se utilizan cuadernos

llevan uniforme

En España

es más normal una carpeta y papel cuadriculado

no llevan uniforme

la entrada

¡Hola!

Al insti »

2A OBJETIVO
¿Me dejas ....?

1 La mochila de Pepa

a Escucha y lee.

b Escucha. ¿Pepa tiene las cosas **1–8**?

◆ Escribe ✔ o ✘
Ejemplo **1 ✘**

♣ ¿Y las reacciones del papá de Pepa?
Apunta el orden. *Ejemplo* **2**, ...

1 ¡Fenomenal!
2 ¡Qué bien!
3 ¡Pepa, eres un desastre!
4 ¡Fatal!

2 Juego de memoria

Trabaja con tu pareja o grupo.

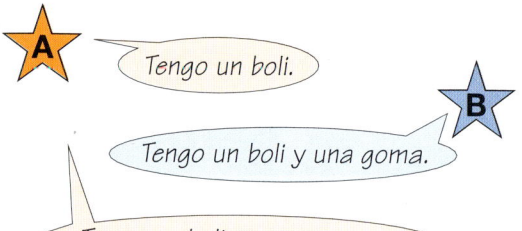

A *Tengo un boli.*

B *Tengo un boli y una goma.*

Tengo un boli y una goma y ...

1 un boli/un bolígrafo

2 un cuaderno

3 un estuche
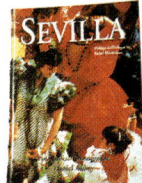

4 un lápiz

5 un libro
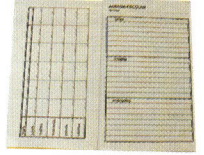

6 un sacapuntas

7 una agenda

8 una goma

9 una hoja
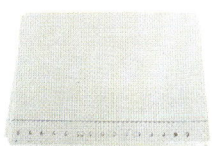

10 una mochila

11 una pluma

12 una regla

3 En clase

◆ ¿Qué cosas tiene Tomás?
Escribe los números.
Ejemplo **1** un boli

♣ Contesta.
1 ¿Tiene Pepa un estuche?
2 ¿Qué tal está Tomás?

4 En secreto

En secreto, elige seis cosas de tu mochila. ¿Qué cosas tiene tu pareja? ¡Adivina!
Pregunta y pasa las cosas (o no).

Ejemplo

¿Me dejas una regla?

Lo siento, no tengo.

¿me dejas ....? sí, toma
lo siento, no tengo

Sí, toma ...
¿Me dejas un boli?

5 Sección de vocabulario

◆ ¿Cómo se dice en inglés ... ?
Utiliza la sección de vocabulario español-inglés (pág. 149).

un clip	una carpeta	una hoja de actividades
un compás	un rotulador	un recambio de pluma
dinero	un borrador	una calculadora

un **a**brigo
un **b**alón

en orden alfabético

♣ ¿Tienes otras cosas en tu cartera?
Pregunta a tu profesor/a.

¿Cómo se dice ... en español?

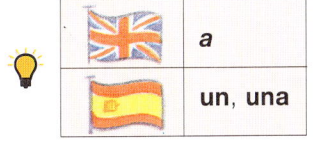	*a*	*a* biro, *a* pen
	un, **una**	**un** boli, **una** pluma

▶▶ Gramática 2

2B ¿Se hace ...?

OBJETIVO

¿Qué se hace ahora?

Página quince, número tres, por favor.

¿Se hace en la hoja?

No - en el cuaderno.

¿Se hace en sucio?

¡Sentaos aquí!

No - en limpio.

¿Se hace por detrás?

No - por delante.

Isabel, ¿qué página es?

La página quince.

¿Qué número es?

¡Mira la pizarra!

Ya he terminado. ¿Qué se hace ahora?

No es la actividad dos - es la actividad tres.

¡Qué desastre!

Deberes para el viernes - número cuatro. ¿José Luis ...? ¡Números tres y cuatro, por favor!

1 ¿Qué se hace ahora?

◆ Empareja el dibujo y la frase.

Ejemplo **1 f**

1 se hace por delante
2 se hace por detrás
3 se hace en limpio
4 se hace en sucio
5 se hace en una hoja
6 se hace en el cuaderno

a b c

d e f

♣ Contesta.

1 ¿Qué página es: 5 ó 15?
2 ¿Qué número es: 2 ó 3?
3 ¿Cómo se dice en inglés: ¡Mira la pizarra! / Ya he terminado / ¿Qué se hace ahora?

2 La queja de los profes

Escucha y canta con tu clase y tu profe.

¿Se hace en limpio?
¿Se hace en sucio?
¿Se hace por delante?
¿Se hace por detrás?
¿Se hace en la hoja?
¿Se hace en el cuaderno?
¿Se hace aquí en clase?
¡No puedo más!
Estoy hasta la coronilla
con las explicaciones
¡Hay que escuchar
las instrucciones!

3 En clase

¿Cómo se dice *pizarra* en inglés?
Utiliza la sección de vocabulario
español-inglés.

a la pizarra   **f** la luz
b la puerta   **g** la cassette
c la ventana   **h** el proyector
d la silla   **i** el ordenador
e la mesa   **j** el vídeo

4 Los robots

◆ Escucha y rellena los huecos. Utiliza el vocabulario de actividad 3.

3 Pon _____ _____ bien

4 Enciende _____ _____

2 Cierra _____ _____

5 Apaga _____ _____

1 Abre _____ _____

6 Limpia _____ _____

♣ Inventa más frases: utiliza las frases *1–6*
con el vocabulario de la clase **a–j**.
Ejemplo **1** + **b**
Abre la puerta.

🇬🇧	**the**	**the** computer, **the** door
🇪🇸	**el, la**	**el** ordenador, **la** puerta

 Gramática 3

1 Más números

Escucha y repite.

| veinte | veintiuno | veintidós | veintitrés | veinticuatro | veinticinco |

| veintiséis | veintisiete | veintiocho | veintinueve | treinta | treinta y uno |

2 Objetos perdidos

◆ ¿Cuántos hay? Escribe el número.

Ejemplo **a**gendas – 23

♣ ¿Qué otro artículo hay? ¿De quién es?

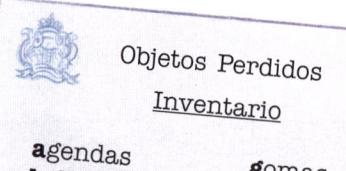

Objetos Perdidos
Inventario

agendas   **g**omas
bolígrafos   **l**ápices
cuadernos   **r**eglas
estuches   **s**acapuntas

3 Juegos

◆ Trabaja con tu pareja. **A** piensa en un número y **B** adivina.

♣ Haz el juego de la multiplicación. ¿Cuántas respuestas correctas en un minuto?

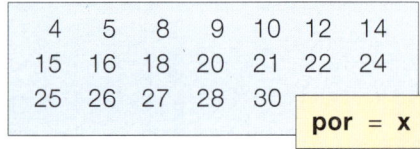

4	5	8	9	10	12	14
15	16	18	20	21	22	24
25	26	27	28	30		

por = x

En la clase de inglés

Now, a game to practise the numbers.

Uno - me toca a mí.

¿Treinta? - te toca a ti.

Treinta - me toca a mí.

¿Veintitrés? - te toca a ti.

¿A quién le toca?

Pssst! Pepa, ¡te toca a ti!

Me toca a mí. ¿Diecisiete?

No, Pepa. ¡Veintitrés!

Veintitrés, me toca a mí. ¿Diecisiete?, te toca a ti.

Te toca a ti, Roberto. Tomás, ¿cómo se dice en inglés 'qué pesado eres, Roberto'?

Se dice: 'You're a real pain, Roberto.'

¡Shh! Ahora en inglés. It's my turn ...

4 En la clase de inglés

◆ ¿Cuál es el orden correcto de las cartas en el juego? Rellena los huecos.

| 1 | ? |

| ? | ? |

| ? | ? |

| ? | 29 |

♣ ¿Cómo se dice en español ...? *It's my turn*   *It's your turn*   *Whose turn is it?*

5 ¿A quién le toca?

Haz el juego ¿A quién le toca? con tu clase.

> ¿a quién le toca?   me toca a mí
>   te toca a ti

6 Un puzzle

◆ Descifra y escribe las frases.

1 d ✚ ★ c ✚ ✦ ch ✦
   b ✦ l ✚ g r ▲ f ✦ s

2 t r ★ ✚ n t ▲
   p l ■ m ▲ s

3 q ■ ✚ n c ★
   m ✦ ch ✚ l ▲ s

4 v ★ ✚ n t ✚ c ■ ▲ t r ✦
   ▲ g ★ n d ▲ s

5 t r ★ ✚ n t ▲
   r ★ g l ▲ s

6 d ✚ ★ c ✚ s ★ ✚ s
   s ▲ c ▲ p ■ n t ▲ s

a = ?
e = ?
i = ?
o = ?
u = ?

♣ Inventa cinco palabras más en cifra para tu pareja o para tu clase.

Acción Lengua

How to … • say *a*, *the*

● ¿Preparados?

1 Utiliza la sección de vocabulario español – inglés (pág. 149): escribe dos listas.

proyector *(m)* ← MASCULINO
puerta *(f)* ← FEMENINO

MASCULINO (un, el)	FEMENINO (una, la)
boli	

boli	estuche
goma	cuaderno
ventana	mochila
libro	puerta
mesa	lápiz

● ¿Listos?

	a	*the*
(m)	**un**	**el**
(f)	**una**	**la**

¿Me dejas **un** boli?
*Can you lend me **a** biro?*
¿Me dejas **una** pluma?
*Can you lend me **a** pen?*

Pon **el** boli en tu estuche.
*Put **the** biro in your pencil-case.*
Cierra **la** puerta, por favor.
*Close **the** door, please.*

● ¡Ya!

◆ Elige la palabra correcta. ¿Y cómo se dice en inglés?

Ejemplo **1** ¿Me dejas **un** boli? Can you lend me **a** biro?

 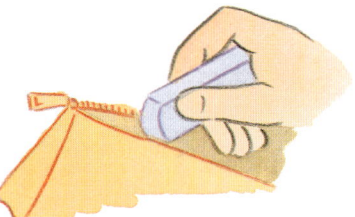 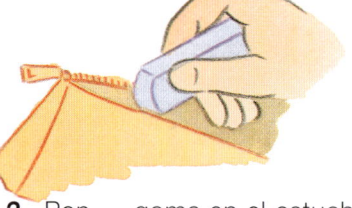

1 ¿Me dejas … boli? (**un/una**)

2 Pon … goma en el estuche (**el/la**)

3 ¿Me dejas … lápiz? (**un/una**)

4 Abre … ventana, por favor (**el/la**)

5 Pon el libro en … mochila (**el/la**)

6 Oye, ¿me dejas … libro? (**un/una**)

♣ ¿Cómo se dice en español …? *Ejemplo* **1** ¿Me dejas una hoja?

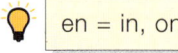
en = in, on

1  **2**  **3**  **4** 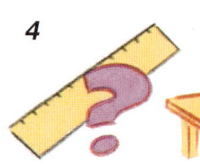 **5**  **6**

¡Vamos a casa!

Objetivo A ¿Tienes hermanos?
Objetivo B ¿Cuántas personas hay en tu familia?
Objetivo C ¿Cuántos años tienes?

3

La familia es muy importante en España y América Latina.

Hay familias con niños

y abuelos

parejas sin niños

y les gusta pasar tiempo juntos.

Pablo · Ana

Omar · Carmina

El árbol genealógico de las familias Alvaro Vallejas y Willoughby.

Teresa · Michael

Pilar · Juan

Isabel · Tomás

⟨ **Al insti**

Familia ⟩⟩

3A OBJETIVO
¿Tienes hermanos?

 1 **¿Tienes hermanos?**

◆ ¿Quién habla? Escribe el nombre.

Ejemplo **1** Pilar

Carlos	Pepa	José Luis
	Tomás	Pilar

1 Tengo un hermano, Juan.
2 Tengo una hermana, Isabel.
3 Tengo un hermano y una hermana.
4 Tengo tres hermanos y tres hermanas.
5 Soy hija única.

♣ Completa con **se llama** o **se llaman**.

Ejemplo **1** Tengo una hermana, que **se llama** Isabel.

1  Tengo una hermana, que _____ Isabel.

2  Tengo un hermano, que _____ Juan.

3  Tengo un hermano y una hermana, que _____ Rafael y Ana.

4  Tengo un hermano, que _____ Tomás.

2 **¿Cómo se dice en inglés ...?**

Utiliza la sección de vocabulario español-inglés.

| un hermanastro | una hermanastra | un hermano gemelo | una hermana gemela |

3 ¿Cuántos hermanos tienen?

Escucha las cuatro conversaciones.

◆ Apunta cuántos hermanos tienen.

Ejemplo

1	0
	1

♣ Mira los dibujos. ¿Quién habla?

Ejemplo **1** Arancha

Me llamo Arancha.

Me llamo Gari.

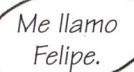
Me llamo Felipe.

Me llamo Sofía

Me llamo Zohora.

Me llamo Paco.

Me llamo Reyes.

Me llamo Charo.

 **4**

 **5**

 **6**

 **7**

 **8**

4 En un grupo de tres

A: imagina que eres alguien en actividad 2, y contesta **sí** o **no**.
B y **C**: ¡adivinad!

¿Tienes hermanos? Tengo…	
un hermano una hermana	que se llama
(dos) hermanos (dos) hermanas	que se llaman
Soy hijo único / hija única	

Soy Arancha.

¿Tienes hermanos?

Sí.

¿Tienes un hermano?

Sí.

¿Tienes una hermana?

No.

¡Eres Arancha!

5 ¿Quién soy?

◆ Mira los dibujos y escribe el nombre. *Ejemplo* **1** Paco

1 Soy hijo único.
2 Tengo un hermanastro.
3 Tengo dos hermanas.

4 Tengo un hermano gemelo y una hermana.
5 Tengo dos hermanas y un hermano.
6 Tengo dos hermanos gemelos.

♣ ¿Qué dicen los otros dos amigos? Escribe globos: Me llamo …. Tengo …

6 Los gemelos

a ¿Qué dicen las personas en la foto? Imagina.

Ejemplo Me llamo Farid. Tengo un hermano gemelo que se llama Allam, y una hermana que se llama Marina.

b Describe a tu familia y añade una foto.

3B OBJETIVO
¿Cuántas personas hay en tu familia?

 ## 1 Somos dos familias

 ◆ Completa las familias.

Ejemplo

Teresa	Omar
Carmina	Michael
Tomás	Juan

la familia Álvaro Vallejas
Pilar

la familia Willoughby
Isabel

 ♣ ¿Quién habla: Carmina, Omar, Pepa, Pilar, Teresa o Tomás?

Ejemplo **1** Pilar

1 Somos cuatro personas en mi familia.

2 Mis padres están separados.

3 Tengo una hermana, que se llama Teresa.

4 Mis padres están divorciados.

5 Tengo un hijo, Juan y una hija, Pilar.

6 Tengo dos hijos, Isabel y Tomás.

2 ¿Quiénes son?

Túrnate con dos o tres amigos.

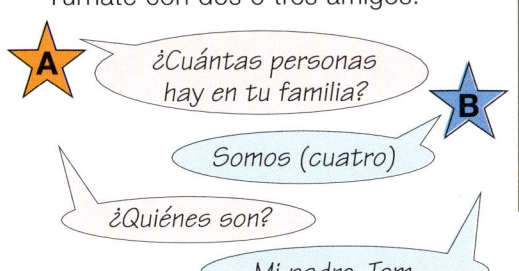

A ¿Cuántas personas hay en tu familia?

B

Somos (cuatro)

¿Quiénes son?

Mi padre, Tom ...

¿Cuántas personas hay en tu familia? Somos (cuatro)
¿Quiénes son?

mi padre	mi madre
mi padrastro	mi madrastra
mi hermano (gemelo)	mi hermana (gemela)
mi hermanastro	mi hermanastra

mis padres están separados / divorciados

3 El árbol genealógico

a Utiliza el vocabulario español-inglés y completa el cuadro.

uncle   tío   (m)

uncle	tío	?	aunt
cousin (boy)	?	prima	cousin (girl)
grandfather	?	?	grandmother

b Mira el árbol de las dos familias, página. 17, y completa los globos de Tomás.

Mi ...., Teresa

Las personas importantes en mi vida.

Mi padre, Michael

Mi .... , Pilar

Mi ...., Isabel

Mi .... , Omar

Mi .... , Carmina

a Mira el árbol de las dos familias (pág. 17) y completa las frases: utiliza el vocabulario inglés-español.

Ejemplo Michael es el **tío** de Pilar y Juan.

Michael es el (...**1**...) de Pilar y Juan.
Pilar es la (...**2**...) de Isabel.
El (...**3**...) de Isabel y Tomás se llama Pablo.
Carmina es la (...**4**...) de Isabel.
La (...**5**...) de Teresa es Pilar.
Tomás es el (...**6**...) de Juan.

b Inventa dos o tres más para tu pareja.

c Dibuja el árbol genealógico de tu familia.

4 Una carta

Pilar escribe a una corresponsal en Perú.

◆ Rellena los huecos.

Ejemplo ¡Hola! Me **llamo** Pilar.

¡Hola! Me _____ Pilar. En mi familia _____ cuatro: mi _____ , que se llama Carmina, mi padre Omar, y mi _____ Juan. Tengo un _____ Michael en Inglaterra. Mi _____ Teresa está en Sevilla con mi _____ Isabel y mi primo Tomás. ¿Cuántas personas hay en tu _____? ¿Quiénes son?
¡Escríbeme pronto!

tío	hermano	llamo	madre
prima	somos	familia	tía

♣ Escribe a un/a corresponsal: habla de tu familia o imagina que eres Isabel o Tomás.

3C OBJETIVO
¿Cuántos años tienes?

1 Más números

Escucha y lee. Apunta el número.

2 Con tu pareja

Túrnate con tu pareja:
A traza un número en la mesa;
B adivina.

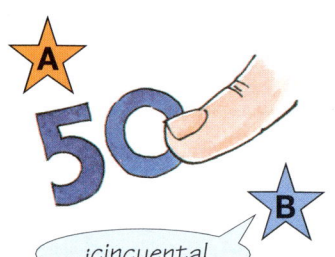

¡cincuenta!

 cuarenta
 cincuenta
 sesenta

 setenta
 ochenta
 noventa

 cien

Los deberes — Edades de la familia … ¿cómo se dice en inglés?
Ages of the family.

Tía Carmina, ¿cuántos años tienes?
Tengo cuarenta y un años.

¿Y tú, Mamá? ¿Cuántos años tienes?
Tengo treinta y ocho .., ¡ay no! treinta y nueve años.

Mama, ¿qué tal está el bebé?
Bien.
Yo tengo trece años e Isabel tiene catorce…

¡Omar y Juan!
¡Papá! ¿Cuántos años tienes?

¡Cien!
¡Papá!

Tengo cuarenta y cinco años.

Juan, ¿tienes once o doce años?
Doce.

Y tú, Tomás - tienes trece años, ¿no?
¡Sí!

¿Qué le pasa?
Tomás no tiene a su padre aquí - Michael está en Londres. Es muy difícil …

3 Los deberes

◆ ¿Cuántos años tienen Juan, Carmina, Isabel, Omar, Pilar, Teresa, y Tomás?

Ejemplo Juan - 12

♣ ¿Cómo contesta Tomás? *Ejemplo* **1** No, está en Londres.

1 ¿Tu padre no está en Sevilla?
2 ¿Qué tal estás?
3 ¿Cuántos años tienes?
4 ¿Qué tal tu mamá y el bebé?

4 Un puzzle

◆ Escribe en orden numérico.

Ejemplo veintitrés (23), treinta y uno (31) …

cuarenta y seis
treinta y uno
noventa y siete
veintitrés
setenta y cuatro
cincuenta y dos
ochenta y tres
sesenta y uno
cuarenta y ocho

♣ Contesta.

Ejemplo **1** Mi hermana tiene veinticuatro (24) años.

1 Mi hermano tiene diecinueve años y mi hermana tiene cinco años más. ¿Cuántos años tiene mi hermana?
2 Mi padre tiene cuarenta y ocho años y mi madrastra tiene ocho años más. ¿Cuántos años tiene mi madrastra?
3 ¿Cuántos años tengo? Mi hermano tiene dieciseis años y yo tengo tres años menos.
4 Mi padrastro tiene treinta y ocho años y mi madre tiene dos años menos. ¿Cuántos años tiene mi madre?

¡Inventa dos más para tu pareja!

más

menos

5 ¿Y tú?

◆ Empareja las preguntas y las respuestas.

1 ¿Cómo te llamas?
2 ¿Cuántos años tienes?
3 ¿Cuántas personas hay en tu familia?
4 ¿Quiénes son?
5 ¿Cómo se llama tu madre?
6 ¿Cuántos años tiene tu hermano?

a Somos tres.
b Tiene nueve años.
c Me llamo Merche.
d Mi madre, mi hermano y yo.
e Se llama Angela.
f Tengo trece años.

♣ Practica con tu pareja. Utiliza las preguntas **1–6**.

6 La entrevista

Elige una foto e inventa una identidad y una familia.

Ejemplo foto **1** Me llamo Concha y tengo trece años. En mi familia …

Prepara una entrevista: utiliza las preguntas en actividad 5.

Ejemplo

¿Cómo te llamas?

Me llamo …

¿cuántos años **tienes**? (yo) tengo … años
¿cuántos años **tiene** tu (hermana)? **tiene** … años

▶▶ Gramática 15.

Acción Lengua

How to … • talk about families and their ages

● **¿Preparados?**

Copia y pon la palabra en
la sección correcta.

Ejemplo	**1 tienes**	

1 *Tía Carmina, ¿cuántos años **tienes**?*

2 *Juan, ¿**tienes** once o doce años?*

3 ***Tengo** treinta y nueve años.*

4 *Tomás no **tiene** padre aquí.*

5 *Isabel **tiene** catorce años.*

6 *Yo **tengo** trece años.*

● **¿Listos?**

tengo	I have
tienes	you have, do you have?
tiene	s/he has

tengo un hermano
¿**tienes** hermanos?
(Mike) **tiene** dos hermanas

tengo trece años
¿cuántos años **tienes**?
(Mike) **tiene** catorce años

 Gramática 15

● **¡Ya!**

a Completa este dialógo con **tengo**, **tienes** o **tiene**.
b Un poco de teatro. Practica el diálogo con tu pareja.

Oye, Carmen, ¿cuántos años (...1...) ?

(...2...) trece años.

Oye, ¿es tu hermano?

Sí, se llama Javier.

¿Y cuántos años (...3...) Javier?

¿Javier? (...4...) quince años.

¡Ah! ¿Me dejas?

¡Profesor, Emi (...5...) mi foto!

Emi, ¿qué (...6...)

Toma.

El sur de España

Objetivo A ¿Dónde vives?
Objetivo B ¿Dónde está exactamente?
Objetivo C ¿Qué hay en tu barrio o ciudad?

4

La región de Andalucía está en el sur de España.

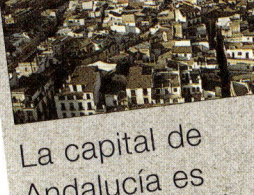

La capital de Andalucía es Sevilla, junto al río Guadalquivir.

y costa

Andalucía tiene sierra

y campo.

Arcos

Santa Cruz

Córdoba

Camas

Carmona

¡Hola! Me amo Rafael.

Soy Lorena, ¡hola!

Me llamo Mila, ¡hola!

Soy Jabi, ¿qué tal?

¡Hola! Me llamo Charo.

Familia

Región

4A OBJETIVO
¿Dónde vives?

¡Uf! Sevilla es una ciudad grande, ¿no?

José Luis - tengo aquí el plano de Sevilla ...

Mi prima Merche

¡Hola!

y mi amigo Guillermo.

© Automobile Association 1996

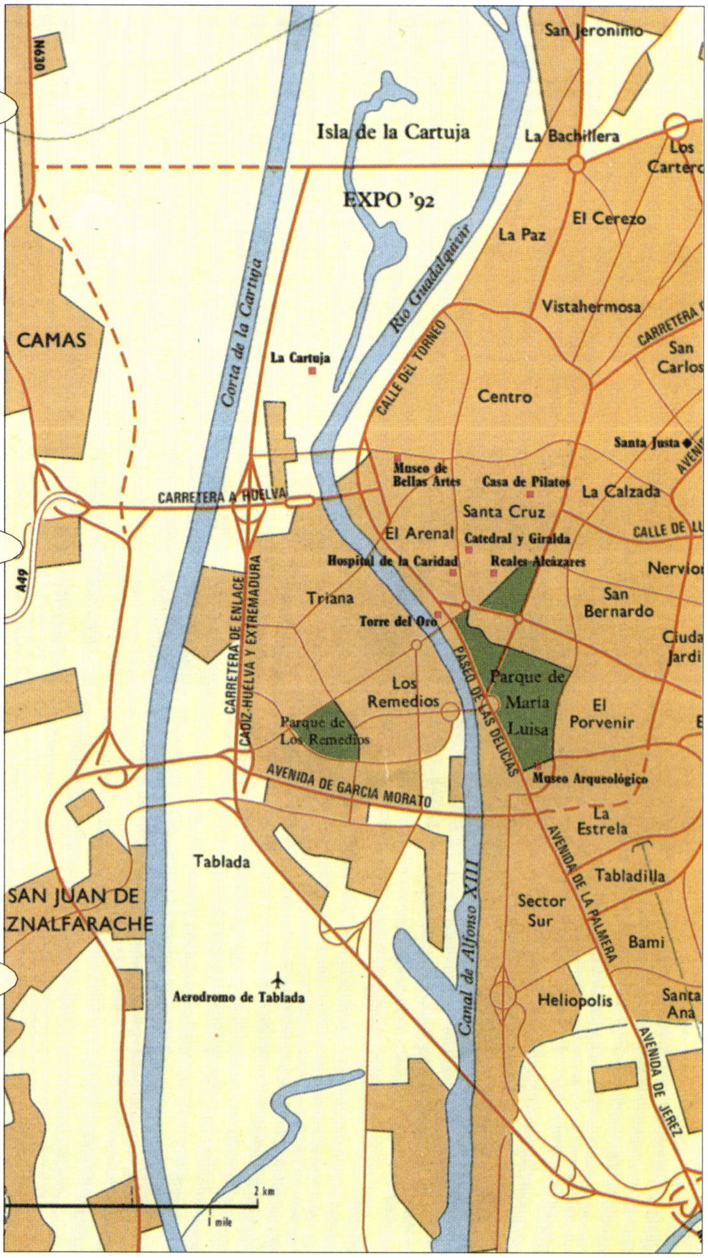

José Luis, ¿dónde vives?

Vivo en La Campana, un barrio en el centro de Sevilla.

Y tú, Pepa, ¿dónde vives?

Vivo en Nervión, un barrio en las afueras.

¿Dónde vives, Carlos?

Vivo en San Juan, un pueblo en las afueras.

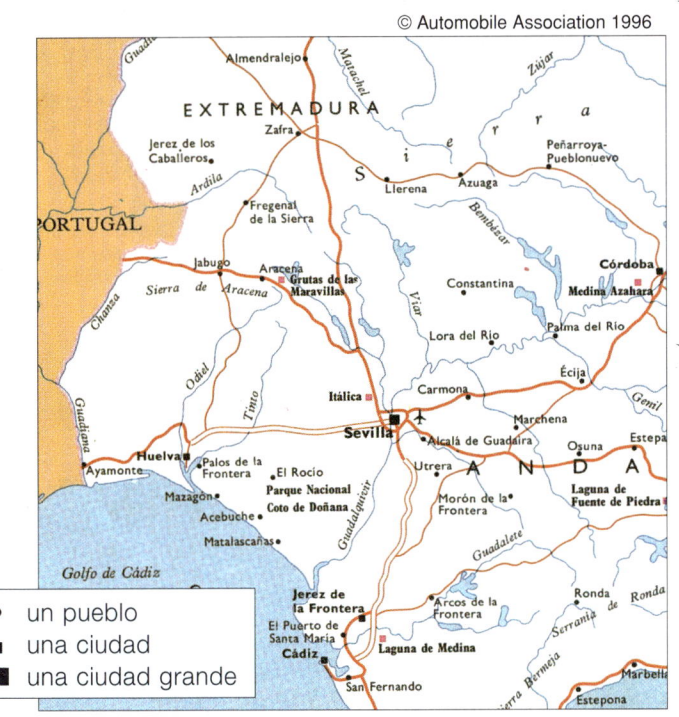

© Automobile Association 1996

- un pueblo
- una ciudad
- una ciudad grande

Merche, ¿dónde vives?

Vivo en Ronda, una ciudad.

Y tú, Guillermo, ¿vives en Ronda?

No. Vivo en el campo, cerca de Ronda.

1 ¿Dónde vives?

◆ Contesta **sí** o **no**. *Ejemplo* **1 no**

1 José Luis vive en las afueras.
2 Merche vive en una ciudad.
3 Carlos vive en un pueblo en las afueras.
4 Pepa vive en el campo.
5 Guillermo vive en un pueblo.

♣ Corrige las frases que son mentira.

Ejemplo **1** José Luis vive en un barrio en el centro.

3 ¿Qué tipo de ciudad es?

a Mira las fotos 1-5 en la página 25, y el plano y el mapa.

◆ ¿Qué tipo de ciudad es?

Ejemplo Arcos de la Frontera es un pueblo.

Arcos de la Frontera es…	un barrio de Sevilla
Santa Cruz es…	un pueblo
Córdoba es…	una ciudad
Camas es…	una ciudad grande
Carmona es…	

b Describe dónde vives.

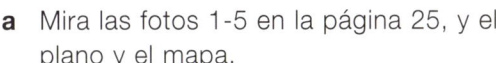

¡Hola! Me llamo Mike, y vivo en Castleton, un pueblo cerca de Sheffield.

2 ¡Imagina!

A elige un barrio, un pueblo, o ciudad de los planos; **B** adivina.

A

Vivo en Carmona.

¿Vives en Sevilla?

¡No!

¿Vives en un pueblo?

Sí.

¿Vives en Carmona?

¡Sí!

B

♣ Escribe una o dos frases para cada persona.

Ejemplo Me llamo Rafael y vivo en Arcos de la Frontera. Es un pueblo en el campo.

¿Dónde vives? Vivo en ….		
un barrio	el centro	de (Sevilla)
un pueblo	las afueras	
una ciudad	cerca	
una ciudad grande		
el campo		

4B OBJETIVO
¿Dónde está exactamente?

1 Las Islas Británicas

a Nota el orden.
Ejemplo **3**...

b Copia y completa la brújula.

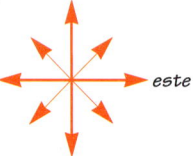

este

sur	norte	noreste
suroeste	oeste	este
sureste	noroeste	

*Vivo en **Escocia**, en el este.*

*Vivo en **Gales**, en el norte.*

*Vivo en **Irlanda del Norte**, en el oeste.*

*Vivo en **Irlanda del Sur**, en el sur*

*Vivo en **Inglaterra**, en el sur.*

2 Tu geografía está fatal!

◆ Empareja correctamente.

Ejemplo **1** c

1 en el norte
2 en el sur
3 en la sierra
4 en la costa
5 junto al río

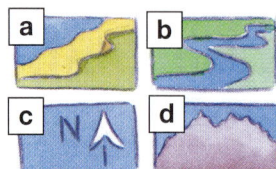

♣ Contesta.

Ejemplo **1** Está en el norte.

1 ¿Liverpool está en el norte o en el sur?
2 ¿Dónde está Londres?
3 ¿Cómo se llama el río de Sevilla?
4 ¿Southport está en la sierra o la costa?
5 ¿Dónde está la sierra del Lake District?

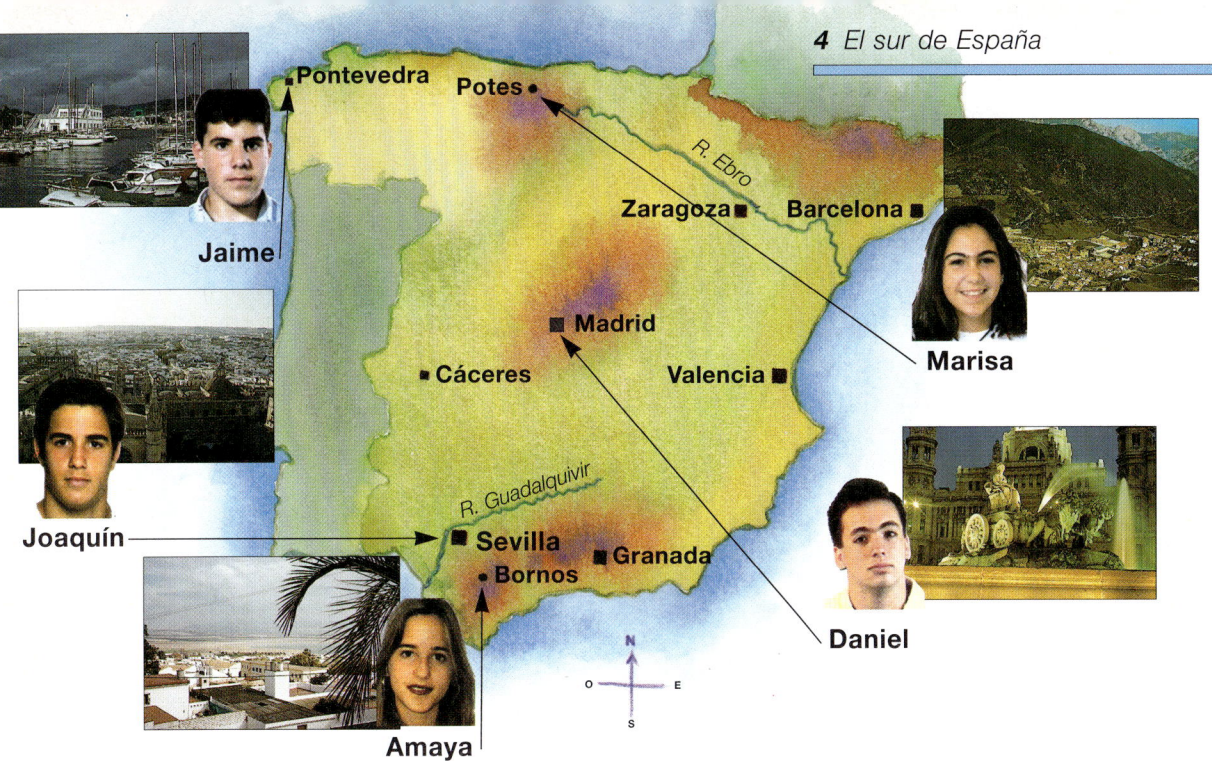

Jaime

Marisa

Joaquín

Daniel

Amaya

Pontevedra
Potes •
R. Ebro
Zaragoza ■   Barcelona ■
■ Madrid
• Cáceres   Valencia ■
R. Guadalquivir
■ Sevilla
• Bornos   ■ Granada

N
O   E
S

3 **España**

◆ ¿Cuántas respuestas en un minuto?

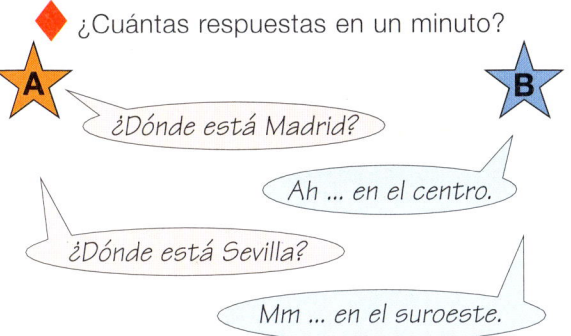

A

¿Dónde está Madrid?

B

Ah ... en el centro.

¿Dónde está Sevilla?

Mm ... en el suroeste.

♣ Habla con tu pareja: utiliza el mapa y las fotos.

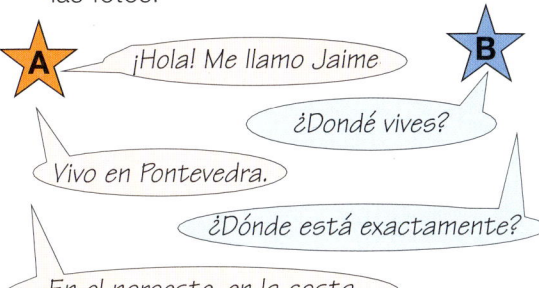

A

¡Hola! Me llamo Jaime

B

¿Dondé vives?

Vivo en Pontevedra.

¿Dónde está exactamente?

En el noroeste, en la costa.

4 **¿Dónde?**

◆ **a** Completa las frases.

Ejemplo **1** Bornos está en el **sur** de España.

río   costa   sureste   sierra   oeste   sur

1 Bornos está en el ... de España.
2 Potes está en la ... en el norte.
3 Zaragoza está junto al ... Ebro.
4 Cáceres está en el ... de España.
5 Pontevedra está en el noroeste, en la ...
6 Granada está en la sierra en el ...

b Escribe una frase para Madrid y Barcelona.

♣ Escribe una frase para cada joven.

Ejemplo Joaquín vive en Sevilla, una ciudad grande en el sur de España, junto al río Guadalquivir.

vivo	en (un pueblo)
(James) vive	en el (norte) de España
(Madrid) está	en la sierra
	en la costa
	junto al río (Ebro)

5 **Mi pueblo o ciudad**

Prepara un poco de publicidad para tu pueblo o ciudad.

Ejemplo ¡Southport! Está en el noroeste de Inglaterra, en la costa...

4C OBJETIVO
¿Qué hay en tu barrio o ciudad?

¿Qué hay en tu barrio o ciudad?

¿Qué hay en tu barrio, Pilar?

Hay mucho ...

Hay donde comprar ....

Hay lugares públicos

Hay donde comer...

1 un supermercado

5 un cine

8 un colegio

11 un bar

2 una tienda

6 un instituto

9 una discoteca

12 un hotel

3 una panadería

7 un parque

10 una iglesia

13 un restaurante

4 un videoclub

¿En tu barrio, hay ...

15 una piscina?

16 un polideportivo?

14 una cafetería

En mi barrio, no..

¿Qué hay en tu barrio, Pepa?

No hay mucho - un bar, un parque, una tienda, una cafetería ...

Una cafetería - ¡buena idea! Ven, Isabel ...

1 En la calle

◆ ¿Qué lugar es? Identifica

Ejemplo **a** una tienda.

a  b  c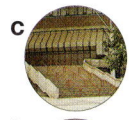

d  e  f

 Contesta **sí** o **no**. *Ejemplo* **1 sí**.

1 En el barrio de Pilar, hay donde comprar.

2 Hay mucho en el barrio de Pepa.

3 En el barrio de Pepa, hay donde comer.

4 No hay piscina en el barrio donde vive Pilar.

2 ¡Al ataque!

◆ ¿Tienes reacciones rápidas?
¿Todo correcto en un minuto?

A *¿número cuatro?* **B** *¡un videoclub!*

♣ ¿Verdad o mentira? ¡**B** no mira el libro!

A *número once - un bar.* **B** *¡verdad!*

3 Una entrevista con Francisca

◆ Lee la carta y elige la palabra correcta.

¡Hola! Me llamo Francisca. Vivo en Bornos – es un

en el sureste de Andalucía y está junto al  Guadalete.

Hay iglesias, 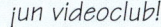 y un parque. Hay donde comer: hay

, bares, y dos o tres . En mi instituto hay

una , pero en la ciudad no hay  y no hay

discoteca ... ¡Es un desastre!

> piscina supermercados río hoteles
> polideportivo pueblo cafeterías

♣ ¿Francisca contesta a todas estas preguntas? Escribe **sí** o **no.**

Ejemplo **1 sí.**

1 ¿Cómo te llamas?
2 ¿Dónde vives?
3 ¿Dónde está exactamente?
4 ¿Qué tipo de ciudad es?
5 ¿Tienes hermanos?
6 ¿Qué hay en tu ciudad?
7 ¿Cuántos años tienes?

♣ Túrnate con tu pareja y contesta a las preguntas arriba.

4 ¿Qué hay en tu ciudad?

Escribe una carta sobre tu ciudad, como la de Francisca.

no hay	cafetería, supermercado
hay	cafetería**s**, supermercado**s**, parque**s** bar**es**, hotel**es**

 Gramática 4

Acción Lengua

How to … • talk about where you and others live

● ¿Preparados?

Copia y pon la palabra en
la sección correcta.

Ejemplo

3 vivo		

1 José Luis,
¿dónde **vives**?

2 Y tú, Pepa -
¿dónde **vives**?

3 ¡Hola! me llamo Tomás,
y **vivo** en Inglaterra
normalmente.

4 Merche **vive** en
Ronda

5 Guillermo **vive**
en el campo

6 ¿Qué tal? Me llamo
Isabel y **vivo** en
Sevilla con mis primos

● ¿Listos?

vivo	I live
vives	you live, do you live?
vive	s/he lives

Vivo en Gales – *I live in Wales*
¿Dónde **vives**? – *Where do you live?*
Carlos **vive** en San Juan – *Carlos lives in San Juan*

 Gramática 13

● ¡Ya!

Rellena los huecos (…) con **vivo**, **vives** o **vive**.

◆ **Ecología**

¡Yo (…**1**…) aquí!

¡y tú no (…**2**…) aquí!

¡y el río no (…**3**…)!

 Méjico

Mi pueblo

Trabajo para una familia
americana.

Hola, me llamo Reina y tengo
catorce años. (…**1**…) en Méjico,
en la capital. No (…**2**…) con mi
familia - trabajo en un barrio en
el centro. Mi familia (…**3**…).en
un pueblo en las afueras. ¿Y tú,
(…**4**…) en un pueblo o una
ciudad grande?

 # Táctica Lengua

Masculino y femenino Masculine and feminine

- In English, people are either 'he' or 'she', and only things are 'it'.
- In Spanish, things are also either 'he' (*masculine*) or 'she' (*feminine*)
- Masculine words are marked (*m*), and feminine words are marked (*f*) in the vocabulary section.

 Are these words (*m*) or (*f*) in Spanish? Look them up.
Example: mercado (*m*) - market; island - isla (*f*)

mercado	castillo	*island*	*forest*
pista de hielo	museo	*valley*	*mountain*
bolera	club de jóvenes	*beach*	*river*

Vamos a escuchar Getting ready to listen

- *Do* listen carefully. It is a very important skill and needs 100% of your attention.
- *Do* use pictures to guide you. Work out the Spanish for them before the tape starts.
- *Do* study the example, *Ejemplo*. It shows you what your first answer should be.

 ¿Qué hay en Mazagón, y en El Rocío? Apunta los números. *Ejemplo*: Mazagón: 2 + …

1 **2** **3** **4** **5** **6**

 Cómo aprender palabras How to learn words

- You need to **learn** words: you can't speak a language if you have no words!
- Learn words both ways: from Spanish into English and from English into Spanish.
- Try the tips below - choose any six words you have found difficult to remember.

Match up words   Match up parts of words   Finish your partner's word

 Learn 10 words for homework, using these activities. Aim for 10 out of 10!

¿Lectura? ¡Qué guay!   En el Instituto Super VGA

La historia de Sevilla - fechas importantes

500 antes de Cristo
Los Cartagineses de Africa del Norte viven en Hispalis (Sevilla).

206 a. de C
Victoria de los romanos en Carmona (*1*). Construyen aqueductos, carreteras y ciudades.

712 – 1492 después de Cristo
Los moros llaman la región 'Al-Andalús'. Construyen la Giralda (*2*) en Sevilla, y monumentos famosos en Córdoba (*3*) y Granada.

500 400 300 200 100 0 d. de C 100 200 300 400 500 600 700

Leonora

- ¡Qué pesada eres, Leonora!
me dice a mí la profesora,
- No tienes lápiz, y no tienes
  goma,
y no tienes regla. Mira, toma…
¡Qué pesada eres, Leonora!

- ¡Eres un desastre, Leonora!
me dice a mí la directora,
- ¡No tienes estuche, y no
  tienes mochila,
no tienes agenda, ni nada de
  este estilo!
¡Eres un desastre, Leonora!

No tengo padre,
y no tengo madre:
sólo tengo a mi hermano José.
No tengo dinero …
¿Tengo futuro?
No lo sé …

1 Carmona

3 Mezquita, Córdoba

5 Plaza de España

2 La Giralda

4 Catedral de Sevilla

6 Puente, Sevilla

1929
Expo Ibero-Americana en Sevilla: se construye la Plaza de España (5).

1936-1939
Guerra Civil en España. El dictador Franco vive en Sevilla en 1936.

1975
Muerte de Franco. Democracia con el Rey Juan Carlos.

1983
Felipe González, elegido Primer Ministro, es de Sevilla.

1992
Expo 1992: mucha construcción nueva en Sevilla - puentes, carreteras y estaciones (6).

1400 -1600
Sevilla, junto al río Guadalquivir, es un puerto importante y rico. De Sevilla van barcos a América. La tumba de Cristóbal Colón está en la Catedral de Sevilla (4).

1700-1805
Guerra con Gran Bretaña y Francia - batalla de Trafalgar 1805. Destrucción de monumentos en Sevilla por Napoleón.

| 800 | 900 | 1000 | 1100 | 1200 | 1300 | 1400 | 1500 | 1600 | 1700 | 1800 | 1900 | 2000 |

Proyectos

1 ¡Atención!

Prepara un póster para tu clase:
¿qué hay que traer?

La clase, ¡atención!
Es importante traer …

Ejemplo

tu cuaderno   un boli   una regla

2 El juego de ¿Cómo se dice?

Inventa un juego para practicar
el español y hazlo con tu grupo.

¡Para ayudar!

¿a quién le toca?   ¡arriba! ↑
¡te toca a ti!   ¡abajo! ↓
me toca a mí   ¡ya he terminado!
le toca a (Katie)

.....llamo

¿Cómo se
.... ?

3 Una entrevista

- Graba una entrevista
  con una pareja.

- Prepara un reportaje
  para una revista.

Se llama Matt. Vive
en Newcastle, una
ciudad grande en el
noreste de Inglaterra,
junto al río Tyne. No
tiene hermanos – es
hijo único, y sus padres están
divorciados. Vive con su padre.

REP: ¡Hola! ¿Cómo te llamas?
ELIMA: Me llamo Elima.
REP: ¿Dónde vives?
ELIMA: Vivo en Stirling.
REP: ¿Dónde está
        exactamente?
ELIMA: Está en Escocia - vivo
        aquí con mi familia.
REP: ¿Cuántas personas hay en tu familia?
ELIMA: Somos seis.
REP: ¿Quiénes son?
ELIMA: Mi madre, mi abuela, mis dos …

- ¡Un poco de teatro! Prepara una entrevista para una serie policiaca en la televisión:
  A es guardia, y **B** es un/a joven insolente.

¿Cómo te llamas?

Me llamo
Mickey Mouse.

¡Tu nombre!

Me llamo James.

¿Y dónde vives?

Vivo en
Londres

¿Dónde en Londres
exactamente?

Vamos a la cafetería

Objetivo A ¿Qué quieres?
Objetivo B ¿Quieres probar?
Objetivo C ¿Cuánto es en total?

Hay muchos bares y cafeterías en Sevilla -

cafeterías pequeñas

bares

con camareros

cafeterías grandes

con muchos clientes

y con menús

Si tienes sed, hay bebidas calientes ...

o bebidas frías

1 un café con leche
120 ptas

2 un café solo
120 ptas

3 un té con leche
130 ptas

4 un té con limón
130 ptas

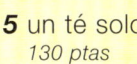
5 un té solo
130 ptas

6 un chocolate
150 ptas

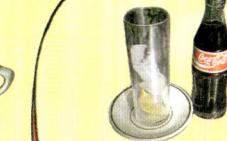
9 una Coca-cola
130 ptas

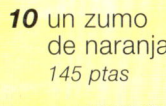
10 un zumo de naranja
145 ptas

12 un agua mineral sin gas
110 ptas

13 un batido de chocolate
135 ptas

7 una limonada
115 ptas

8 una naranjada
115 ptas

11 un agua mineral con gas
110 ptas

14 un batido de fresa
135 ptas

Tengo hambre

Tengo sed

< **Región**

Cafetería >>

5A OBJETIVO ¿Qué quieres?

¡Isabel - aquí!

¿Cuánto cuesta un batido de chocolate?

Gracias, mira ...

Elvira, ¿qué quieres?

Papá, yo quiero ...

Javi, un momentito. ¿Elvira?

Yo ... un café con leche y agua mineral.

¿Con gas, o sin gas?

Sin gas. ¿Y tú, Santi?

Mm... un café solo.

¿Javi quiere algo frío? ¿Una limonada?

Sí.

¡No!

¿Quieres algo caliente, Javi? ¿Un chocolate?

¡No!

¿Quieres una Coca-cola?

¡Quiero DOS Coca-colas!

¡Oiga, camarero!

UNA Coca-cola

¡Quiero dos!

¿Sí, señora?

  **1 ¿Sí, señora?**

◆ Empareja la bebida con la persona.

Ejemplo Elvira: **b** ...

Elvira   Santi   Javi

a   **b**   **c**   **d**   **e**   **f**   **g**   **h**   **i**   **j**

♣ Identifica las otras bebidas en las fotos.

Ejemplo **a** un chocolate.

2 ¿Qué quieres?

 ◆ ¿Qué quiere tu pareja? Adivina.

Quiero una Coca-cola.

¿Quieres algo frío?

Sí.

¿Quieres una Coca-cola?

¡Sí!

♣ Mira la página 37 durante dos minutos.
Pareja **B** cierra el libro.

¿Cuánto cuesta una limonada:
cien o ciento quince pesetas?

Ciento quince.

Sí. ¡Un punto!

> ¿quieres algo frío / algo caliente?
> quiero … un (café) / una (limonada)
>
> 100 - cien
> 110 - cien**to** diez

1-2 adivinanzas: ¡tienes telepatía!
3-6 adivinanzas: normal
7 + adivinanzas: fatal - ¡intenta otra vez!

Respuesta correcta - un punto.
¿Quién gana - **A** o **B**?

3 Bebidas

 ◆ Inventa bebidas horribles.

Ejemplo un café con limón.

con limón   con hielo   con leche

◆ Busca frutas en el diccionario. Inventa
otros zumos.

Ejemplo un zumo de manzana.

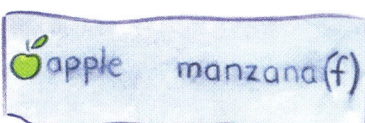

apple   manzana (f)

♣ Lee y copia. Reemplaza los
dibujos por el español correcto.

El granizado es una bebida

popular - es como el Slush Puppy.

Consiste en un   o frío

con , triturado. Hay muchos

tipos; por ejemplo, granizado de ,

granizado de …

| hielo | zumo de fruta | limón | café | naranja |

4 Los amigos

Escucha y lee la
conversación en la
cafetería. ¿Qué
quieren José Luis,
Carlos, Pilar e Isabel?

Ejemplo
JL: una limonada.

¡Oiga camarero!

Sí, dígame.

Quiero ....

Y yo, ...

Yo quiero .... Pilar,
¿quieres algo frío?

No, algo caliente ....

¿Algo más?

No, nada más.
Es todo.

Muy bien, en seguida.

5 Te toca a ti

Trabaja en un grupo de cinco para inventar otra conversación en la cafetería.
Una persona es camarero/a, y los otros son Guillermo, Merche, Tomás y Pepa.

5B OBJETIVO
¿Quieres probar ...?

 **1** una hamburguesa

2 un perrito caliente

3 un bocadillo de jamón York

 **4** un cruasán de queso

 **5** un cruasán vegetal

 **6** un bocadillo de chorizo

7 una tortilla española

8 calamares

9 patatas fritas

 **10** pescado frito

11 churros

12 aceitunas

1 ¡Rápido!

a Escucha y lee.   **b** Trabaja en grupo de tres: **A** dice un número, **B** y **C** dicen el plato.

A *número once*
C *¡churros!*
mm ... **B**

Respuesta correcta - un punto.
¿Quién gana - **B** o **C**?

¿Para quién es?

Para mí, pescado frito. Y ¿para ti, Isabel? ¿Qué quieres probar?

Es que ... soy vegetariana.

¿Sí? Y tú, Tomás, ¿eres vegetariano también?

¿Yo? ¡No! Para mí, una hamburguesa.

¿Para ti, Pepa?

Un perrito caliente.

¿Hay algo para vegetarianos?

Bueno, hay cruasanes de queso ...

¿Para quién es?

La tortilla de patatas es para ella.

¿Pescado frito? ¡Es para él! Eugh ...

2 ¿Para quién es?

◆ Empareja la persona y el plato.

Ejemplo José Luis, 4.

José Luis, Isabel, Pepa, Tomás

1 una hamburguesa
2 calamares
3 una tortilla de patatas
4 pescado frito
5 un perrito caliente

♣ **¿Sí** o **no**?   *Ejemplo* **1 no**
1 Isabel quiere pescado.
2 La tortilla es para Tomás.
3 Tomás es vegetariano.
4 Pepa es vegetariana.

3 El resto de la conversación

Apunta los números de los platos para Carlos, Guillermo, Merche, Pilar.

Ejemplo Carlos, 11.

4 Juego de memoria...

◆ Trabaja con un grupo.

Para mí, una hamburguesa.

Para ti, una hamburguesa, para mí, un perrito caliente.

Para ella, una hamburguesa, para ti, un perrito caliente, para mí, patatas fritas.

para mí
para ti
para él
para ella
para mi
amigo/a
para (James)

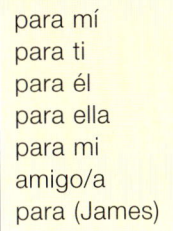

5 Platos típicos

Lee las descripciones de platos en las cafeterías de Sevilla. Utiliza la sección de vocabulario español-inglés.

◆ Empareja la descripción y el plato.

Ejemplo **1** - boquerones.

♣ ¿Son para vegetarianos o no? Escribe dos listas.

	para vegetarianos	para no vegetarianos
Ejemplo		boquerones

un aliño de patatas - una ensalada con tomate, pimiento, cebolla, patatas, aceite y vinagre
un serranito - un bocadillo con pimiento frito, un filete de cerdo y jamón serrano
pisto - pimiento, cebolla y tomate frito
boquerones - un pescado pequeño frito, con limón y pan
papas alioli - patatas en una salsa de mayonesa con ajo
pinchitos - trozos de carne en una salsa picante

6 ¿Qué quieres probar?

Escribe lo que quieres y no quieres probar en una cafetería en España.

Ejemplo

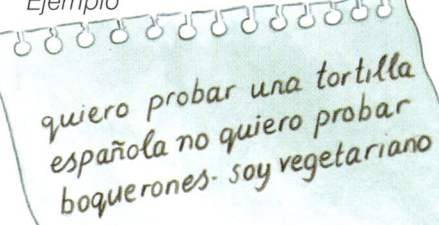

quiero probar una tortilla española no quiero probar boquerones. soy vegetariano

(no) quiero probar ... soy vegetariano/a

5C

OBJETIVO
¿Cuánto es en total?

 1 ¿Cuánto es?

Escucha y canta.

¿Cuánto es en total?

1
> cien pesetas (100)
> doscientas pesetas (200)
> trescientas pesetas (300)
> *¡fenomenal!*

2
> cuatrocientas pesetas (400)
> quinientas pesetas (500)
> seiscientas pesetas (600)
> *no está mal ...*

3
> setecientas pesetas (700)
> ochocientas pesetas (800)
> novecientas pesetas (900)
> *¡ay, fatal!*

4
> mil pesetas (1.000)
> ¿dos mil pesetas? (2.000)
> **¿cuánto es en total?**

2 Números grandes

◆ **A** piensa en un número; **B** adivina.

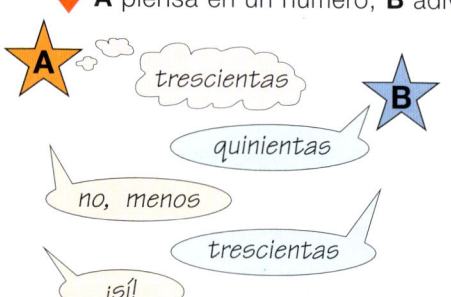

A *trescientas*

B *quinientas*

no, menos

trescientas

¡sí!

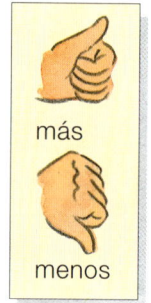

más

menos

♣ ¿Qué tal las matemáticas? **A** dice dos números y **B** suma.

Ejemplo

A *setecientas y cuatrocientas pesetas*

B

¡sí!

mil cien pesetas

La cuenta

¡Oiga, camarera! La cuenta, por favor.

¿Cuánto es en total?

Dos mil, seiscientas veinticinco pesetas. Guillermo ....

Sólo tengo un billete de mil pesetas. Pilar, ¿tienes cambio?

No sé, un minuto ...

¿Qué hay aquí? Un billete de dos mil pesetas, y monedas de ...

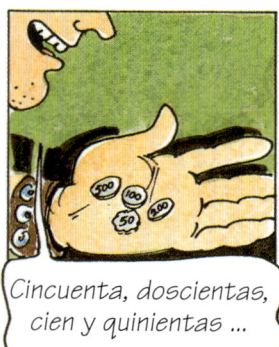

Cincuenta, doscientas, cien y quinientas ...

diez, veinticinco, dos pesetas, y un duro ...

Bueno, un billete para mí, y monedas para ti.

¡Oye!

¿Quique?

Lo siento, toma.

¡Quique es mi primo!

3 La cuenta

a Copia y rellena los billetes y las monedas.

Hay billetes de

Hay monedas de

   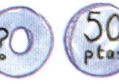 

b Empareja correctamente. *Ejemplo* **1c**

1 ¿Quique?	**a** Es un duro.
2 ¿1.000 pesetas?	**b** Es el billete de Pilar.
3 ¿2.625 pesetas?	**c** Es el primo de Pilar.
4 ¿2.000 pesetas?	**d** Es la cuenta.
5 ¿5 pesetas?	**e** Es el billete de Guillermo.

Completa las frases. ¿Cómo se dicen en inglés?

Ejemplo
¿Cuanto es en total? *How much is it altogether?*

¿Cuánto es (…**1**…) ?
Sólo tengo (…**2**…) de mil pesetas.
Un duro es (…**3**…) de cinco pesetas.
Oiga, camarera, (…**4**…), por favor.
¿Tienes (…**5**…)?

> la cuenta   una moneda
> en total   cambio   un billete

4 José Luis, ¿cuánto es?

Empareja las monedas con la cuenta.

Ejemplo **a** 325 pesetas

 **a**   **b**    **c**

d    **e**    **f**

¿Cuántos duros hay en: **1** veinticinco ptas? **2** cien ptas? **3** cincuenta ptas?

5 Los amigos

Escucha la conversación en la cafetería entre Isabel, Pilar, Carlos, Merche, Guillermo, y José Luis.

Empareja la persona y la cuenta en la actividad número 4. *Ejemplo* Isabel - 315 ptas.

1 ¿Cuánto es para Tomás? **2** ¿Cuánto es para Pepa? **3** ¿Qué problema tiene Tomás?

6 Un poco de teatro

Trabaja con tu pareja o en grupo. Inventa una conversación en una cafetería.
Como mínimo, incluye cinco de estas frases.

> ¡oiga, camarero/a!
> dígame
> ¿qué quieres? / ¿para ti?
> quiero … / para mí …
> la cuenta, por favor
> ¿tienes cambio?
> sólo tengo un billete (una moneda) de … pesetas

Acción Lengua

How to … • say what you want, and ask or say what other people want

● ¿Preparados?

Empareja los globos y los dibujos. *Ejemplo* **1 e**

a ¡Quiero algo frío!
b El bebé no quiere un batido de chocolate.
c ¿Quieres un batido de chocolate?
d ¡Mamá, quiero un globo!
e ¿Quieres algo frío?
f Quiere un globo.

● ¿Listos?

quiero	I want	**quiero** algo frío	*I want something cold*
quieres	you want, do you want?	¿qué **quieres**?	*what **do you want**?*
quiere	s/he wants	Isabel **quiere** un café	*Isabel **wants** a coffee*

● ¡Ya!

◆ Completa los globos con **quiero**, **quieres**, **quiere**.

(…**1**…) una hamburguesa

¿Y qué (…**2**…) tú?

Mi profe (…**3**…) una aspirina- ¡pero no hay en el menú!

Menu

♣ Inventa otra canción.
a Cambia los platos. *Ejemplo* Quiero **un perrito caliente**.
b Cambia lo que quiere tu profe. *Ejemplo* Mi profe quiere **silencio**.

Sevilla

Objetivo A ¿Qué te parece?
Objetivo B ¿Te gusta?
Objetivo C ¿Qué se puede hacer?

6

Sevilla es una ciudad de contrastes.

Hay partes antiguas y turísticas.

Hay partes modernas y nuevas

También hay zonas industriales.

a

b

c

d

e

En Andalucía se puede ...

1 ir de excursión en barco
2 ir de excursión a pie
3 ir a fiestas de música y baile
4 esquiar
5 hacer equitación
6 hacer alpinismo
7 hacer windsurf
8 visitar cuevas
9 visitar monumentos históricos
10 explorar el Parque Nacional de Doñana

f

g

h

i

j

< Cafetería

Diversión >>

6A OBJETIVO
¿Qué te parece?

¡Sevilla es fenomenal!

¡De acuerdo! El centro me parece …

¡Qué va! Es …

1 moderno
2 turístico
3 bonito
4 tranquilo
5 divertido
6 limpio
7 antiguo
8 industrial
9 feo
10 ruidoso
11 aburrido
12 sucio

1 Sevilla

◆ ¿Quién habla, Tomás o Isabel?

Ejemplo **1** Tomás.

1 El centro no es moderno, es antiguo.
2 Es bonito, y divertido.
3 Me parece feo y aburrido.
4 Para mí, es sucio y ruidoso.
5 Me parece tranquilo y turístico.

♣ Escribe tu opinión.
¡de acuerdo! ¡qué va! o no sé.

Ejemplo
1 ¡Qué va, es bonito! / ¡De acuerdo, es feo!

1 Londres es feo.
2 Donde vivo, es divertido.
3 Mi instituto es limpio.
4 Es ruidoso en el centro de mi pueblo o ciudad.

2 ¿De acuerdo? ¡Qué va!

◆ Trabaja con tu pareja. Di lo contario.

A ¿turístico?
B ¡industrial!

¿Qué te parece … ?
es … / me parece …
✔ ¡de acuerdo!
✗ ¡qué va!

♣ Discute las ciudades o los pueblos cerca.

A ¿Qué te parece Crawley?
B Es divertido.
¡Qué va! Es aburrido!

¿Dónde prefieres vivir?

¿Isabel, dónde prefieres vivir en Sevilla?
Aquí con tía Carmina.

No es posible, Isabel - con el bebé ....
Bueno, prefiero el centro - un barrio antiguo, divertido …

Yo no.
¿Prefieres un barrio moderno? ¿O un pueblo bonito en las afueras?

No.

Pero ¿dónde prefieres vivir?

Tomás prefiere vivir en una ciudad aburrida como Southport.

¡Southport no es una ciudad aburrida!

¿Y tú Teresa? ¿Dónde prefieres vivir?

Con Michael ...

3 ¿Dónde prefieres vivir?

◆ Empareja la persona y la frase.

- **a** Prefiero vivir en Sevilla.
- **b** Prefiero vivir en Inglaterra.
- **c** Prefiero vivir con Michael.

♣ Completa las frases con **prefiero, prefieres** o **prefiere.**

Ejemplo (...**1**...) ¿Dónde **prefieres** vivir?

¿Dónde (...**1**...) vivir?
Tomás (...**2**...) una ciudad aburrida.
Yo (...**3**...) vivir en el centro.
¿(...**4**...) un barrio moderno?

4 Quiero vivir ...

◆ Elije una foto para cada persona.

1 Quiero vivir en un barrio antiguo, tranquilo y bonito.

3 Quiero vivir en un pueblo bonito y tranquilo en la costa.

2 Prefiero vivir en una ciudad divertida, con tiendas y mercados.

4 Prefiero vivir en un barrio moderno y tranquilo, con parques y piscinas.

5 Quiero vivir cerca de una playa.

a

c

b

d

e

♣ Lee la carta de Amaya y busca los adjetivos (*) en la sección de vocabulario. Contesta **sí** o **no** a las preguntas *1-5.*

1 ¿Es antiguo, San Vicente?
2 ¿Es bonita la playa?
3 ¿El centro es un poco sucio?
4 ¿Es aburrido San Vicente?
5 ¿Es tranquilo, el pueblo?

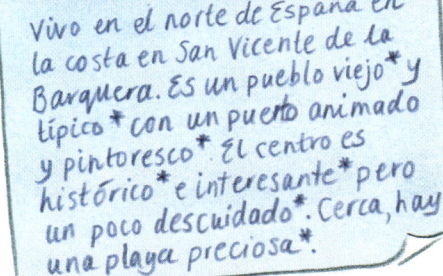

Vivo en el norte de España en la costa en San Vicente de la Barquera. Es un pueblo viejo* y típico* con un puerto animado y pintoresco* El centro es histórico* e interesante* pero un poco descuidado* Cerca, hay una playa preciosa*

5 ¿Mi opinión?

Escribe tu opinión. *Ejemplo*
No quiero vivir en una ciudad industrial y fea. Prefiero vivir en un pueblo bonito y turístico en la costa.

(m)	un pueblo	fe**o**, suc**io**, industrial, interesante
(f)	una ciudad	fe**a**, suc**ia**, industrial, interesante

▶▶ Gramática 7

6B OBJETIVO
¿Te gusta?

1 ¿Te gusta tu barrio, José Luis?

6 Carlos, ¿te gusta tu pueblo?

2 Sí, me gusta.

7 No, no me gusta.

3 Hay mucha diversión.

MULTICINES

8 No hay mucha diversión.

11 Pepa, ¿te gusta tu barrio?

4 Hay mucha movida.

12 Bueno, no está mal. No hay mucha diversión, pero tengo muchos amigos

9 No hay mucha movida

5 Tengo muchos amigos.

10 No tengo muchos amigos.

13 En Sevilla, hay mucha diversión y mucha movida, pero no tengo amigos…

1 ¿Te gusta?

¿Qué opinan Pepa y Tomás? Escribe los números de las fotos.

Ejemplo Pepa - 8 …

2 Una encuesta

a Haz una encuesta en tu clase.
Ejemplo

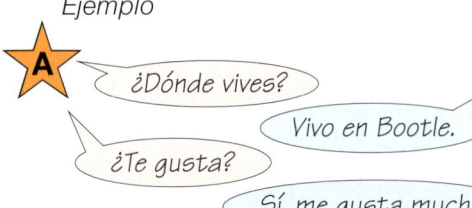

A ¿Dónde vives?

B Vivo en Bootle.

¿Te gusta?

Sí, me gusta mucho.

me gusta mucho

me gusta

no está mal

no me gusta

no me gusta nada

b Apunta los resultados.

Reacción	Núm	Reacción	Núm	Reacción	Núm	Reacción	Núm	Reacción	Núm
muy positivo	5	positivo		indiferente		negativo		muy negativo	

3 ¿Qué te parece Londres?

◆ Escucha la conversación y empareja las frases.
Ejemplo Pilar **2** + ?

♣ ¿Qué dice cada persona?
Escribe un globo.

Ejemplo

> Lo bueno de Londres es que .... pero lo malo es que ....

lo bueno es que ...		lo malo es que ...
1 tiene mucha historia	Pilar	**6** es feo
2 hay mucha movida	Isabel	**7** hay mucho tráfico
3 hay clubs y discotecas	Carlos	**8** hay mucho turismo
4 hay mucha diversión	José Luis	**9** es ruidoso
5 hay mucha cultura	Pepa	**10** es sucio

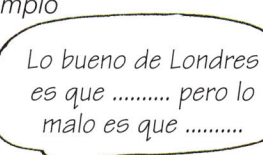

4 Lo bueno es que ...

Trabaja con tu pareja: habla de dos ciudades en tu región.

A > Lo bueno de Manchester es que hay mucha diversión.

B Lo malo es que es industrial.

Lo bueno es que....

5 ¡Los jóvenes de Sevilla!

◆ Rellena los espacios con la palabra correcta.

♣ El comentario de cada jóven es...
¿**positivo/ negativo/ positivo y negativo**?

¿Qué te parece la ciudad de Sevilla?

La Queja de los Jóvenes
Lo ...**1**... de vivir en mi región
Es que no hay mucha ....**2**...
Mi ...**3**... es aburrida,
Y no hay ...**4**...
¡No me gusta mucho la situación!

ciudad	movida
malo	diversión

Sevilla tiene muchas cosas - lugares públicos, tiendas, donde comer... Hay mucha movida pero para mí, no hay mucha diversión y no tengo muchos amigos. **Gabi**

El barrio de Santa Cruz, donde vivo, es bonito y antiguo - el problema es que hay restaurantes y hoteles para los turistas, pero no hay mucha diversión. Iván

Vivo en el barrio de Tomares en las afueras. No está mal . No hay piscina pública, no hay mucha movida, pero tengo muchos amigos. **Margarita**

Lo malo es que Sevilla es una ciudad grande y ruidosa y hay mucha movida. Prefiero mi pueblo. Nieves

Sevilla me parece muy bonita. Lo bueno es que hay cines, teatros, discotecas – hay mucha diversión. Me gusta mucho vivir aquí. **Yolanda**

6 En mi opinión

Escribe tu opinión personal sobre tu pueblo, ciudad o región para una *Revista de la Clase*.
Incluye postales o fotos o dibujos.

me gusta (mucho)	(Belfast)	porque	es (bonito/a)	y ...
no está mal	mi pueblo	lo bueno es que	hay (mucho tráfico)	pero ...
no me gusta (nada)	mi ciudad	lo malo es que	no hay (mucha diversión)	

6C OBJETIVO
¿Qué se puede hacer?

En mi ciudad ideal se puede...

1 *ir al cine.*

2 *ir al polideportivo.*

3 *ir a la bolera.*

4 *ir a la playa.*

5 *ir a las salas de juegos.*

6 *ir a los partidos de fútbol.*

7 *ir de compras.*

8 *ir de excursión.*

9 *ir de paseo en bici.*

10 *ir de pesca.*

1 ¿Qué se puede hacer?

◆ Escucha otra vez. Empareja los ruidos **a**–**h** con la foto.

Ejemplo **a 9**

♣ ¿Quién habla: Tomás o Isabel? *Ejemplo* **1** Tomás.
1 No me gusta mucha movida.
2 Me gusta mucha diversión.
3 No me gusta la ciudad. Prefiero el campo o la costa.
4 Me gusta ir al centro con un grupo de amigos.

2 ¿Te gusta ir ..?

Trabaja con tu pareja:
A pregunta y **B** contesta.

 me gusta (mucho)

 no está mal

 no me gusta (nada)

Ejemplo **A**

¿Te gusta ir al cine?

B

Sí - sí, me gusta mucho. ¿Te gusta ir al polideportivo?

Mm ... no está mal. ¿Te gusta ...

3 ¿Vivir en el centro o en las afueras?

◆ Completa las frases.

Ejemplo **1 En el centro** se puede salir con amigos.

1 ___ se puede salir con amigos.
2 ___ se puede nadar.
3 ___ se pueden visitar los pueblos típicos.
4 ___ se puede hacer piragüismo.
5 ___ se puede hacer judo y taekwondo.

> en el polideportivo   en la sierra
> en el centro   en la piscina   en el río

 ♣ Contesta **sí** o **no**.

1 Tomás quiere vivir en un apartamento antiguo.

2 Isabel quiere vivir en las afueras.

3 Hay muchos clubs y actividades en Sevilla.

4 Isabel prefiere vivir en un apartamento moderno.

4 En Andalucía se puede ...

Mira la página 45 y empareja las frases con las fotos.

Ejemplo **1 d**

5 Pintada y publicidad

◆ Prepara un poco de pintada y publicidad para tu clase.

No me gusta Ormskirk - es abur-r-rido. zzzzz..
¿Birmingham es bonito? ¡Qué va!
¡¡¡No se puede ir a la discoteca porque
NO HAY !!!

> ## BUXTON
> **¡Ideal para familias, jóvenes, niños...!**
>
> Una ciudad bonita y turística en la sierra en el centro de Inglaterra. Hay...
> • hoteles, restaurantes, tiendas, parques
> • una piscina, la famosa agua mineral
> • un teatro bonito, la cueva de Poole
>
> En la región se puede hacer mucho...
> • ir de paseo por el campo en bici
> • hacer alpinismo
> • ir de excursión en barco por las cuevas

6 Acción Lengua

How to … • say 'to the'

● ¿Preparados?

a ¿Qué dicen Isabel y Tomás? Mira la página 50 y rellena los huecos con **al, a la, a los, a las**.

se puede ir .... cine

se puede ir .... bolera

se puede ir .... salas de juegos

se puede ir .... playa

se puede ir .... polideportivo

se puede ir .... partidos de fútbol

b Copia y completa la tabla con **bolera**, **cine, salas de juegos, partidos de fútbol, playa, polideportivo**

		the	
SINGULAR	*(m)*	**el**	
	(f)	**la**	bolera
PLURAL	*(m)*	**los**	
	(f)	**las**	

● ¿Listos?

to	**a**
the	**el, la, los, las**

se puede ir **al** cine	*you can go **to the** cinema*
se puede ir **a la** discoteca	*you can go **to the** disco*
me gusta ir **a los** partidos del Betis	*I like going **to the** Betis matches*
me gusta ir **a las** salas de juego de Jaén	*I like going **to the** arcades in Jaén*

  a + el = al

● ¡Ya!

Explica adonde te gusta o no te gusta ir.   *Ejemplo* Me gusta mucho ir **al** polideportivo.

me gusta (mucho)	ir	**al**	polideportivo
no me gusta (nada)		**a la**	cine
		a los	instituto
		a las	partidos de fútbol
			bolera
			supermercado
			salas de juego
			piscina
			parque de atracciones

Hogar, dulce hogar

Objetivo A **¿Vives en una casa o en un piso?**
Objetivo B **¿Qué hay en el piso?**
Objetivo C **¿Cómo es dentro?**

casas antiguas

En Sevilla hay...

bloques modernos

construcción nueva

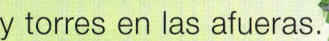

y torres en las afueras.

En el campo
hay fincas

y en la costa hay chalés.

Si no hay jardín, hay
balcones

patios bonitos

y terrazas o azoteas.

‹ Diversión

Piso ››

7A OBJETIVO
¿Vives en una casa o en un piso?

¿Prefieres una casa o un piso, Mamá?

Mm.. no sé.

1 ¿Una finca?

2 ¿Una casa?

3 ¿Una casa doble?

4 ¿Una casa adosada?

5 ¿Un piso en un bloque nuevo?

6 ¿Un piso en un bloque antiguo?

7 ¿Un piso en una torre?

8 ¿Un chalé?

1 ¿Una casa o un piso?

Escucha y empareja las reacciones de Teresa con el número de la foto. *Ejemplo* **1** d

a Es muy moderno.
b Sí, me gusta.
c Es bonita.
d ¿En el campo? ¡No!

e No sé.
f Es mucho dinero - millones de pesetas.
g Es grande.
h No está mal.

¿Cerca o lejos?

Mamá, hay un piso en la calle Alberto Listo.

¡Uf! Está a tres kilómetros.

Prefiero vivir cerca de Carmina, en Cristo del Burgos.

Hay un piso en la calle San Andrés.

Juan, ¿está cerca?

¡Qué va! Está lejos - a unos veinte minutos andando.

Pero está cerca del instituto.

Hay un piso en la Plaza de la Encarnación…

y hay mucho tráfico.

Hay un piso en la Plaza de la Alfalfa.

¿Sí? ¡Está cerca!

A unos dos minutos andando.

¡Qué bien! ¿Me dejas ver, Juan?

2 ¿Cerca o lejos?

◆ Mira el plano. ¿Qué número es?

Ejemplo **a 3**

a la calle de San Andrés
b el piso de Carmina y Omar
c el instituto
d la Plaza de la Alfalfa
e la Plaza de la Encarnación
f la calle Alberto Listo

 ¿**Sí** o **no**?

Ejemplo **1 no**.

1 La calle Alberto Listo está cerca.
2 Lo malo de la calle San Andrés es que está lejos del instituto.
3 El problema con la Plaza de la Encarnación es que es ruidosa.
4 Lo bueno de la Plaza de la Alfalfa es que está cerca de Carmina.

3 ¿Dónde está?

¿Están cerca o lejos de tu piso o casa? *Ejemplo*

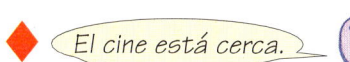
◆ *El cine está cerca.*

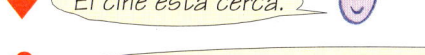

el polideportivo	el cine
la piscina	el instituto
la pista de hielo	la bolera
la casa (o el piso) de mi amigo/a	

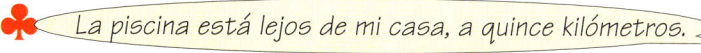
♣ *La piscina está lejos de mi casa, a quince kilómetros.*

el (cine)	está cerca	de mi casa / de mi piso / de (Marple)	a (5) minutos andando
la (piscina)	está lejos	del instituto / del centro	a (10) kilómetros

4 Mi casa

Describe donde vives. *Ejemplo*

◆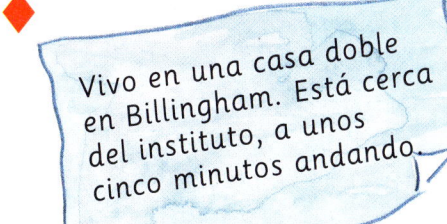
Vivo en una casa doble en Billingham. Está cerca del instituto, a unos cinco minutos andando.

♣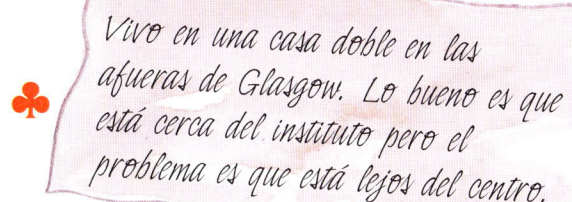
Vivo en una casa doble en las afueras de Glasgow. Lo bueno es que está cerca del instituto pero el problema es que está lejos del centro.

cerca **del** instituto   (**de** + **el**)

 Gramática 5

7B OBJETIVO
¿Qué hay en el piso?

Buenos días. Soy Angela Martínez, de la Agencia Fincasur.

Señora Willoughby. Encantada.

Hay una entrada …

una cocina …

un salón con balcón …

un comedor…

un cuarto de baño …

un aseo …

un dormitorio … ¿Usted tiene hijos?

Sí, dos - Isabel y Tomás.

Hay unas escaleras a una terraza

… y un lavadero.

¿Qué le parece? ¿Le gusta?

¿Quiere decidirlo ahora o prefiere ver el piso otra vez?

Pues, hay dos dormitorios.

Sí, está bien.

No gracias, prefiero ver el piso otra vez con Isabel y Tomás.

1 ¿Qué hay en el piso?

◆ Lee los anuncios en el periódico. ¿Cuál es el piso de Teresa?

1 **Centro. Piso** nuevo, dos dormitorios, salón-comedor, baño, cocina, recién reformado ☎ 4715883.

2 Piso céntrico: tres dormitorios, cocina con lavadero, salón-comedor, baño, aire acondicionado + calefacción central ☎ 4355109.

3 Centro. ¡Ocasión! Piso tres dormitorios, salón con balcón, comedor, baño, cocina amueblada, terraza con lavadero. ☎ 4281022.

4 ZONA CÉNTRICA. ¡A estrènar! Piso tres dormitorios, cocina, salón con terraza, comedor, dos baños, lavadero. Recién pintado, aire acondicionado ☎ 4628963.

♣ Utiliza la sección de vocabulario español-inglés para las expresiones nuevas.

Ejemplo recién pintado - freshly painted.

2 La rutina diaria

Escucha los ruidos 1-8. ¿Qué habitación es? *Ejemplo* **1** un dormitorio.

3 Las habitaciones

◆ Con tu clase, inventa un ruido y una acción para cada habitación. Practica con tu pareja.

A zzzzz...

B ¡un dormitorio!

♣ ¿Puedes decir las habitaciones en el orden de la visita? Practica con tu pareja.

A Hay una entrada, un salón

B ¡No! una cocina. ¡Otra vez!

Hay una entrada, una cocina, mm ... un salón.

¿Es tu casa de Inglaterra, Tomás?

¿Hay **un desván**?

Y **un sótano**.

Sí - hay **un porche, un garaje, un jardín** ...

Sí.

Sí - me gusta mucho mi casa de Inglaterra ...

4 La casa de Tomás

◆ Copia y completa con el español.

3 ....

2 ....

1 *un jardín*...

..............4

..............5

♣ Practica con tu pareja. ¿Cómo se dice en inglés / en español...?

A ¿Cómo se dice en inglés 'un jardín'?

B A garden. ¿Cómo se dice en español 'an attic'?

5 Se alquila ...

¡Se alquila tu casa o tu piso!
Escribe un anuncio para el periódico.

¡piso magnífico!	¡casa estupenda!
recién reformado/a	recién pintado/a
aire acondicionado	calefacción central
cocina amueblada	¡ocasión!

7C OBJETIVO
¿Cómo es dentro?

¿Cuántas plantas tiene el bloque?

En total, cuatro. En la planta baja, hay tiendas.

En la primera planta hay oficinas.

En la segunda planta, hay cuatro pisos.

¿Cuántas habitaciones tiene el piso en total?

Abajo tiene siete ...

¿Cuántos dormitorios tiene?

Tiene tres. A la izquierda hay un salón y un comedor ...

A la derecha hay una cocina ...

¡Al final hay unas escaleras!

¿Qué hay arriba?

Arriba, hay una terraza y un lavadero. ¿Te gusta, Tomás?

¡Estupendo!

1 En el piso

◆ Copia y completa con: oficinas   terrazas   tiendas   cuatro pisos

♣ Contesta con un número. *Ejemplo* **1** cuatro plantas

1 ¿Cuántas plantas tiene el bloque en total?
2 ¿Cuántas plantas tiene el piso?
3 ¿Cuántas habitaciones tiene?
4 ¿Cuántos dormitorios tiene?

2 Está ...

◆ Empareja los dibujos y las frases.

Ejemplo **1 b**

1 a la izquierda
2 a la derecha
3 al final
4 arriba
5 abajo

♣ Completa la descripción del piso con una de las expresiones **1-5**.

Ejemplo **a** Hay una terraza arriba.

a Hay una terraza _____
b _____ hay una cocina.
c _____ hay unas escaleras.
d Hay un salón _____
e Hay siete habitaciones _____

3 ¡A la izquierda!

Practica con tu pareja: **A** hace los gestos,
B lo dice en español.

a la izquierda

4 La carta de Teresa

Lee la carta de Teresa a su hermana en Méjico e identifica las habitaciones.

Ejemplo **1** entrada

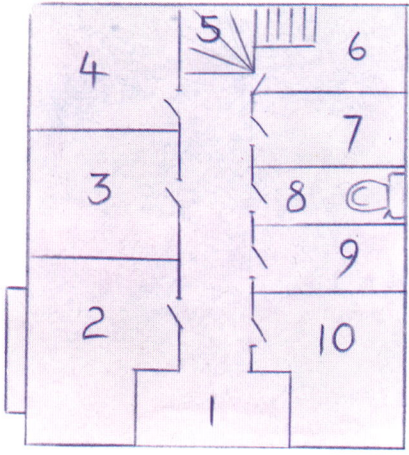

Está muy cerca y el piso parece perfecto. Es un piso en un bloque antiguo, y abajo hay tiendas y oficinas. Tiene dos plantas. Primero, hay una entrada. A la izquierda hay un salón con un balcón, un comedor, y luego hay un dormitorio grande. A la derecha de la entrada, hay una cocina, y luego un cuarto de baño, un aseo y dos dormitorios.

Al final, hay unas escaleras y arriba, hay una terraza bonita con un lavadero. Está muy bien, y me gusta mucho…

¿Qué tal está tu familia? Aquí, bien pero para Tomás es un poco difícil. No le gusta Sevilla y no tiene amigos aquí.

5 Mi casa

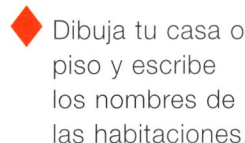 ◆ Dibuja tu casa o piso y escribe los nombres de las habitaciones.

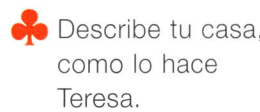 ♣ Describe tu casa, como lo hace Teresa.

mi casa / mi piso	tiene	una planta, (dos) plantas, (ocho) habitaciones, un jardín
en la planta baja / abajo en la segunda planta / arriba en el sótano, en el desván a la izquierda, a la derecha, al final	hay	(una cocina) (tres dormitorios)

6 Tomás el curioso

◆ Tomás hace preguntas a Pepa. ¿Qué contesta Pepa? *Ejemplo* **1** Una casa adosada

1 ¿Vives en una casa o en un piso?
2 ¿Cuántas plantas tiene?
3 ¿Cuántas habitaciones tiene?

4 ¿Qué hay abajo?
5 ¿Qué hay arriba?
6 ¿Tiene jardín?

♣ Prepara una entrevista con tu pareja. Utiliza las preguntas de arriba, y grábala en una cinta.

7

Acción Lengua

How to ... • Say *you*

● ¿Preparados?

Mira la página 56 y completa las frases de la Señora Martínez.

¿Usted .... hijos?   ¿............... decidir ahora?   ¿........... ver el piso otra vez?

● ¿Listos?

Hay dos palabras para *you*: **tú** - con amigos

usted - con adultos que **no** son amigos o de la familia.

tú	usted
tienes	**tiene**
quieres	**quiere**
prefieres	**prefiere**

¿**Tienes** un boli, Mark?
Have you got a biro, Mark?

Mamá, ¿**quieres** un té?
Mum, do you want some tea?

¿Qué **prefieres** hacer?
What do you prefer to do?

¿**Tiene usted** hijos, Señora Pérez?
Have you got children, Mrs Pérez?

Señora Jones, ¿**quiere** un café?
Mrs Jones, do you want a coffee?

¿**Prefiere** Londres o Madrid, señora?
Do you prefer London or Madrid?

 No es obligatorio usar **usted**.

● ¡Ya!

◆ Escribe las frases en dos columnas.

Ejemplo

tú	usted
Sam, ¿tienes hermanos?	

1 Sam, ¿tienes hermanos?
2 ¿Quieres una Coca-cola?
3 ¿Qué prefiere - vivir en España, o vivir en Inglaterra?
4 ¿Quiere usted un café?
5 ¿Tiene hijos, Señora Smith?
6 ¿Qué prefieres - ir a la discoteca o de compras?

 Escribe estas frases en la forma *usted* y pregunta a tu profe.
1 ¿Tienes hijos?
2 ¿Vives en una casa o un piso?
3 ¿Me dejas un lápiz?
4 ¿Prefieres vivir en el campo o en la ciudad?
5 El fin de semana, ¿prefieres salir o preparar clases?

Un espacio privado

Objetivo A **¿Qué colores te gustan?**
Objetivo B **Los muebles**
Objetivo C **¿Cómo soy?**

8

Un dormitorio es un lugar privado.

Aquí se puede estudiar

jugar con amigos en el ordenador

o simplemente estar solo.

¿Qué muebles tienes?

un armario   una cama   un pupitre y una silla   una estantería

una mesilla de noche con una lámpara   una butaca

¿Qué te gustaría tener?

una televisión   una radio-cassette   un ordenador   un compact

Piso   Dormitorio »»

8A

OBJETIVO
¿Qué colores te gustan?

 1 ¿Qué color prefieres tú?

Escucha los colores y apunta
tu opinión personal.

✔ Sí, me gusta.
? No sé.
✘ No me gusta.

Ejemplo **1** ✘

 2 ¿Te gusta, Tomás?

¿De qué color habla Tomás?
Copia la palabra.

Ejemplo **a** negro

3 ¿Te gusta el azul?

Trabaja con tu pareja. Da tu opinión personal.

A
¿Te gusta el azul?
Mm, sí, no está mal.
¿Te gusta el verde?
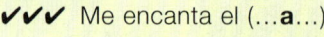
Sí, me encanta.
B

✔✔✔	Me encanta el (...**a**...)
✔✔	Me gusta mucho el (...**b**...)
✔	Me gusta el (...**c**...)
😐	No está mal el (...**d**...)
✘	No me gusta mucho el (...**e**...)
✘✘	No me gusta el (...**f**...)
✘✘✘	No me gusta nada el (...**g**...)

4 Yo y los colores

Haz actividad **a** o **b**.

a Haz tu globo o paraguas personal.

Ejemplo

Mi globo
Me gusta el azul
me gusta mucho el amarillo
y me encanta el rojo.

Mi paraguas
No me gusta mucho el amarillo
y no me gusta el lila
¡y no me gusta nada el gris!

b ¿Los días de la semana
tienen un color para ti?
Escribe un poema.

Ejemplo

¿El lunes? No me gusta nada.
El lunes es **negro**.
¿El martes? No está mal.
El martes es **verde**.

lunes
martes
miércoles
jueves
viernes
sábado
domingo

¡Qué asco!

Me gusta mucho el piso, ¡pero los colores...! La terraza es blanca - bien.

¡Pero el comedor es amarillo y naranja!

¡Qué horror!

El cuarto de baño es rojo y el salón es marrón ...

¿Qué color quieres para tu dormitorio, Tomás?

¡Negro y morado!

¡Qué asco!

5 ¡Qué asco!

¿Verdad (✔) o mentira (✘)? *Ejemplo* **1** mentira

1 La terraza es verde.
2 El cuarto de baño es de color naranja.
3 Tomás quiere un dormitorio negro y morado.
4 El comedor es amarillo y azul.
5 El salón es marrón.

| **el** dormitorio | es blanc**o** |
| **la** terraza | es blanc**a** |

▶▶ Gramática 7

6 ¿De qué color es ...?

a Trabaja con tu pareja. Pregunta y contesta.

A

¿De qué color es tu (cocina)...?

B

Es blanca y verde...

b Describe las habitaciones de tu casa o piso.

Ejemplo El salón me gusta mucho - es blanco y verde; pero no me gusta el cuarto de baño, porque es de color naranja.

8B OBJETIVO
Los muebles

Tu dormitorio no es grande.

¿ El pupitre y la silla?
Delante de la ventana.

¿El armario?
Detrás de la puerta.

¿La cama?
¡Encima del armario!

¿La estantería?
¡Debajo de la cama!

¿La butaca?
Enfrente de la puerta.

¿La mesilla?
Al lado de la butaca.

¿La alfombra?
Entre la cama y el pupitre.

¡Perfecto!
¡Ay no¡ Rápido, Tomás - pon los muebles bien. ¡La agente está aquí!

1 Los muebles

Empareja los dibujos y el vocabulario español. *Ejemplo* **a 4**

a 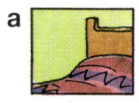 b  c 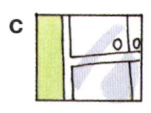 d

e 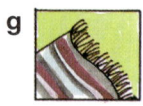 f  g

1 el armario   **5** la butaca
2 la estantería   **6** la alfombra
3 la mesilla   **7** el pupitre
4 la cama

2 ¡Utiliza las manos!

Practica con tu pareja.

 delante    detrás    encima   debajo

al lado   enfrente   entre

 A
 B
¡detrás!

3 ¿Dónde está?

◆ Mira el plano de la habitación
de Tomás y completa las frases.

al lado	enfrente	debajo	delante
entre	encima	detrás	

Querido Papá,
¡Aquí tienes el plano de mi nuevo dormitorio! La butaca está (...1...) de la puerta, y (...2...) de la puerta está el armario. La cama está (...3...) del armario (!) y hay una estantería (...4...) de la cama y (...5...) del armario. La mesilla está (...6...) la butaca y el pupitre, y hay una alfombra (...7...) de la cama. ¿Te gusta? ¡A Mamá no le gusta nada!

♣ Completa las opiniones de Teresa correctamente con **del** o **de la**.

1 ¡Tomás, no me gusta nada la cama encima .... armario!

2 ¿Por qué quieres la estantería debajo .... cama? No se puede coger libros fácilmente.

3 ¿Por qué tienes la mesilla al lado .... pupitre? Mejor al lado ....cama.

4 ¡Pon los muebles bien! - el pupitre cerca .... puerta, y la butaca delante ....
ventana. ¡Rápido!

(m)	debajo **del** pupitre	(**de + el**)
(f)	detrás **de la** puerta	

▶▶ Grámatica 5

4 Quiero ...

Tomás apunta los artículos
que quiere. Haz una lista de
lo que tú tienes o quieres.

Ejemplo En mi dormitorio **tengo**
una radio y una lámpara.
Para mi dormitorio **quiero**
una televisión ...

Lista para Mamá

Quiero ...
una televisión
una radio cassette
un ordenador

un compact
una lámpara
pósters

5 El dormitorio perfecto

Dibuja un plano o haz una descripción de...
... tu dormitorio
... un dormitorio ideal
... un dormitorio que economiza espacio
Si quieres, haz una presentación a tu clase.

| delante de / detrás de |
| encima de / debajo de |
| al lado de / enfrente de |
| entre |

8C

OBJETIVO
¿Cómo soy?

1 ¿Cómo soy?

◆ ¿Son contrarios? Escribe **sí** o **no**.

Ejemplo **1 no.**

1 antipático / extrovertido
2 perezoso / trabajador
3 serio / gracioso
4 tonto / simpático
5 hablador / callado

♣ En tu opinión, ¿cómo es Pepa, de carácter?

2 ¿De acuerdo? ¡Qué va!

◆ **A** describe a Tomás; **B** reacciona con **¡qué va!** / **de acuerdo**.

A — Tomás es gracioso.
B — ¡Qué va! Es serio.

♣ Trabaja con tu pareja.

A — Soy extrovertida.
B — De acuerdo.

3 ¡Hay que ser positivo!

Prepara una carta para alguien de tu clase. Escribe tres cosas positivas. Utiliza el diccionario, si quieres.

Anna:
eres simpática, generosa y responsable.
¡Gracias!
tu amigo, Sam

Rob:
eres gracioso, divertido y simpático.
¡te quiero! ❤
un beso, Claire

| (m) | serio | hablador | responsable |
| (f) | seria | habladora | responsable |

4 Las dos madres

Teresa y Carmina hablan de Tomás y Juan. ¿Quién es - Tomás o Juan?

Ejemplo **1** Juan.

1 Es muy simpático.
2 Es muy extrovertido.
3 Es bastante nervioso.
4 Es bastante tranquilo.
5 Es un poco hablador.
6 Es un poco perezoso.

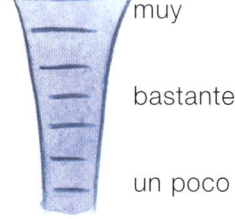

muy

bastante

un poco

5 ¿Cómo es?

¿Cómo es tu pareja? Escribe tres adjetivos.

Ejemplo
Paul es bastante serio, muy trabajador y tranquilo.

Raisa es extrovertida, un poco habladora y muy graciosa.

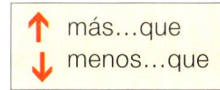

↑ más...que
↓ menos...que

6 ¿Más o menos?

Te gusta mucho Isabel, ¿no?
¡Hombre, sí! Isabel es más divertida que Pilar...

Pilar es más inteligente, y seria...
¡Ah! Te gusta Pilar, Carlos?

Pero Pilar es tu amiga especial, ¿no?
Bueno...Pilar es perfecta para ti.

¿Sí? ¿Por qué?
Porque eres menos extrovertido que yo...
Y menos egoísta también...

8

Acción Lengua

How to … • describe a thing or a person

● ¿Preparados?

Completa el cuadro. *Ejemplo* **1** La carpeta es roja.

El boli es rojo.	La carpeta es (…**1**…)
Carlos es (…**2**…)	Isabel no es tímida.
Tomás es trabajador	Pepa no es (…**3**…)
El libro es (…**4**…)	La pluma es azul.
El lápiz es verde.	La agenda es (…**5**…)
Tomás es (…**6**…)	Pepa es optimista.
El comedor es de color naranja.	La cocina es (…**7**…)

a	trabajadora
b	tímido
c	de color naranja
d	verde
e	azul
f	optimista
g	roja

● ¿Listos?

Formación de adjetivos:

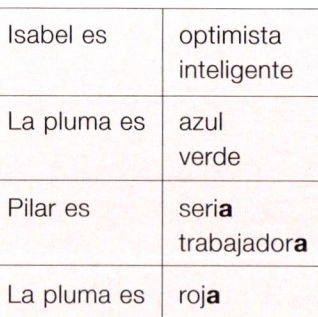

MASCULINO

Tomás es	pesimista inteligente
El boli es	azul verde
Carlos es	seri**o** trabajador
El boli es	roj**o**

FEMENINA

Isabel es	optimista inteligente
La pluma es	azul verde
Pilar es	seri**a** trabajador**a**
La pluma es	roj**a**

Exepción: **menor** / **mayor**.   *Ejemplo* mi hermano **mayor**, mi hermana **menor**.

Posición de adjectivos: un sacapuntas **verde**   a **green** pencil sharpener

● ¡Ya!

1 Describe a un amigo y a una amiga.
   Mi amigo Ben es simpático y optimista pero un poco pesado en clase.
   Mi amiga Sasha es inteligente y divertida, ¡y muy tonta en el instituto!

2 Describe lo que hay en tu mochila. *Ejemplo* Hay un libro amarillo…

5–8 Táctica Lengua

◈ Leer en voz alta   Reading aloud ◈

- Once you know how letters sound in Spanish, you can work out how to say new words.

	You know ...	Now try ...	
ce	on**ce**	ha**ce**r mi cama	*to make my bed*
ci	**ci**ne	invita**ci**ón	*invitation*
cc	di**cc**ionario	parque de atra**cc**iones	*theme park*
ch	**ch**ocolate	no**ch**e	*night*
ge	hermano **ge**melo	reco**ge**r mi dormitorio	*to tidy my bedroom*
j	¿me de**j**as ...?	club de **j**óvenes	*youth club*
i	**i**glesia	dif**í**cil	*difficult*
ei	s**ei**s	ac**ei**te	*oil*
ie	b**ie**n	pista de h**ie**lo	*ice-rink*
que	par**que**	pe**que**ño	*small*
qui	es**quí**	**qui**tar la mesa	*to clear the table*
ua	c**ua**derno	g**ua**po	*good-looking*
ue	p**ue**blo	p**ue**do	*I can*

Use what you know already to help you to say these words from the rest of *Caminos*.

◈ Problemas de diccionario   Dictionary problems ◈

- If you have problems finding a word, check that your spelling is correct!
- Does the word end in -**s** or -**es**? These are plurals. Try looking up the word without them, because dictionaries list words in the singular.
- Does the word end in an -**a**? This may be a feminine ending: look it up with an -**o** on the end.

Now look up the following words:

    mañana   deprimida   pimientos   países   cansada   platos

◈ Escribir mejor   Improving your writing ◈

- Very short sentences seem jerky, so make sentences longer by using joining words:

   que: *who, which*   **y**: *and*   **pero**: *but*   **porque**: *because*

- Compare these two examples. Which flows more smoothly?

> Me llamo Kate. Vivo en Dublin. Es una ciudad grande en Irlanda. Me gusta. Hay mucha diversión. El centro es sucio.

> Me llamo Kate **y** vivo en Dublin, **que** es una ciudad grande en Irlanda. Me gusta mucho **porque** hay mucha diversión, **pero** el centro es sucio.

Try joining these sentences together to make Matthew's letter read more smoothly.

> Me llamo Matthew. Vivo en Sheffield. Es una ciudad industrial. Es grande. Tengo muchos amigos. Hay mucha diversión. Hay una piscina, una bolera, y dos o tres cines. Me gusta.

¿Qué tipo de persona eres?

Apunta tus respuestas *a*, *b*, *c*, suma los puntos y lee el resultado.

1 *¿Te gusta ir a la discoteca?*
a sí, me encanta   **b** no está mal   **c** es muy ruidoso

2 *¿Te gusta ir al polideportivo?*
a me gusta bastante   **b** me gusta mucho   **c** es un poco aburrido

3 *¿Te gusta ir al cine?*
a sí, con amigos   **b** sí, pero prefiero ir solo/a   **c** no está mal

4 *¿Te gusta el color rojo en tu dormitorio?*
a no me gusta mucho   **b** no me gusta nada   **c** sí, me gusta

5 *¿Cómo prefieres ir a la piscina?*
a solo/a   **b** con un grupo grande de amigos   **c** con dos o tres amigos

6 *¿Qué opinas de los conciertos de música rock?*
a es gracioso y divertido
b es aburrido y ruidoso **c** regular

7 *¿Te gusta el color verde en tu dormitorio?*
a está bien   **b** me gusta mucho
c no me gusta

8 *¿Te interesa ir a los partidos de fútbol?*
a sí, mucho   **b** depende
c ¡qué va! es muy aburrido

9 *¿Qué te parece ir de tiendas?*
a ¡fatal!   **b** ¡fenomenal!
c regular

10 *¿Te gusta ir a las salas de juegos?*
a me encanta ir con amigos
b prefiero ir solo/a   **c** depende
- si tengo dinero, me gusta

11 *¿Qué te parece ir de excursión?*
a me gusta bastante   **b** es aburrido   **c** es divertido - me gusta el campo

12 *Tu amigo te invita ir de pesca. ¿Qué dices?*
a ¡qué bien!   **b** ¡qué horror!
c lo siento, pero tengo muchos deberes

¿26-36 puntos? Eres una persona muy activa - te gustan la movida, la diversión, y salir a la calle. ¡Pero atención - hay también que hacer los deberes!

¿15-25 puntos? Te gustan mucho la diversión y salir con tus amigos, pero también te gustan actividades más tranquilas. Eres una persona equilibrada.

¿1-14 puntos? Eres una persona bastante solitaria. No te gusta mucho la movida y no te gusta nada el ruido. Prefieres la tranquilidad y la compañía de dos o tres amigos íntimos.

1 a3 b2 c1	*7* a2 b1 c3
2 a1 b2 c3	*8* a3 b2 c1
3 a3 b1 c2	*9* a1 b3 c2
4 a1 b2 c3	*10* a3 b1 c2
5 a1 b3 c2	*11* a2 b3 c1
6 a3 b1 c2	*12* a1 b3 c2

El rey optimista

El pueblo Quechua

El Perú es uno de los países de América Latina. Catorce millones de quechuas (casi un 50% de la población) viven en los valles, montañas y los altiplanos de los Andes. El quechua es la lengua oficial del Perú pero los quechuas sufren mucha discriminación. No pueden cultivar las tierras tradicionales, y muchos quechuas viven hoy en muy malas condiciones en pueblos que se llaman 'chabolas' en las afueras de la capital Lima. Las casas son de cartón o de plástico, y muchas veces no hay electricidad ni agua limpia.

5–8 Proyectos ¡Qué bien!

1 ¡El bocadillo perfecto!

a Inventa tres bocadillos (uno vegetariano). Haz un dibujo y una lista de los ingredientes.

b Pon tus hojas de bocadillos en el tablón. Los otros miembros de tu clase indican cuál de los tres prefieren.

Ejemplo

Bocadillo de las Delicias

Ingredientes:
gambas en mayonesa,
lechuga,
tomate y piña.

2 Telenovelas

¿Cuál es la telenovela más popular?

a Haz una encuesta en tu clase.

b Escribe y dibuja los resultados.

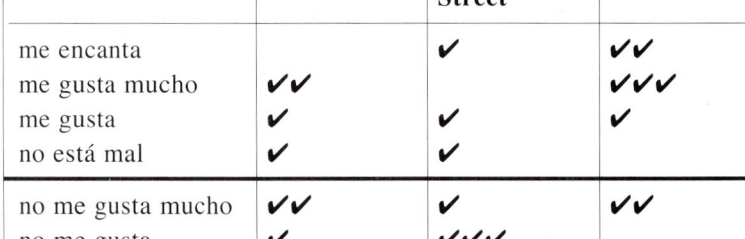

¿Qué te parece (Eastenders) ?

Ejemplo	Neighbours	Coronation Street	Eastenders
me encanta		✔	✔✔
me gusta mucho	✔✔		✔✔✔
me gusta	✔	✔	✔
no está mal	✔	✔	
no me gusta mucho	✔✔	✔	✔✔
no me gusta	✔	✔✔✔	
no me gusta nada		✔	

3 La verdad

¡Los anuncios para casas y pisos en los periódicos no dicen toda la verdad! Escribe un anuncio **honesto**.

Ejemplo

¡Se vende! Casa doble bastante antigua y fea. Patio delante y jardín pequeño detrás con mucha basura. Calle ruidosa - enfrente de la discoteca Nightbirds y al lado del garaje Esso. Salón feo, cocina antigua, cuarto de baño de color naranja. Dos dormitorios en la primera planta, y el dormitorio número tres es un armario. Hay desván pero en malas condiciones. ¡Ocasión!

Tus ratos libres

Objetivo A **¿Qué hora es?**
Objetivo B **¿Quieres ir...?**
Objetivo C **¿Estás libre?**

Los deporte más populares son el fútbol y el baloncesto.

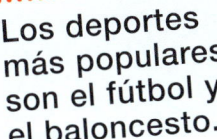

Sevilla tiene dos clubs de fútbol: Real Betis Balompié, en el Estadio Benito Vilamarín, y Sevilla Fútbol Club, en el Estadio Sánchez Pizjuan.

Se puede ir también al polideportivo o al gimnasio.

A muchos jóvenes, les gusta ir al cine...

... bailar en las discotecas, o pasar una hora en las salas de juegos.

Les gusta salir en pandilla

tomar algo en una cafetería

dar una vuelta en moto

o simplemente charlar con amigos.

9A

OBJETIVO
¿Qué hora es?

1 **¿Qué hora es?**

◆ Escucha. Empareja la hora y la actividad.

 Es la una.   Es la una y media.

 Son las dos.   Son las dos y media.

a Voy a la piscina.
b Voy al centro comercial.
c Voy al supermercado.
d Voy al instituto.
e Voy al polideportivo.

♣ Apunta la reacción. *Ejemplo* 1.00 **b** ¡No me digas!

| ¡ay no! | ¡rápido! | ¡no me digas! | ¿de veras? |

hora	actividad	reacción
1.00	b	¡no me digas!

2 **¡Ay, no!**

Un poco de teatro:
inventa conversaciones.

A ¿Qué hora es? Es la una. **B**

¡Ay no! Voy a la piscina, ¡adiós!

3 **Por la noche**

Carmina es médica y trabaja por la noche.
a Escucha y lee su poema.
b Pon las fotos en orden según el poema y escribe la hora correcta.

Ejemplo 9.15: foto C

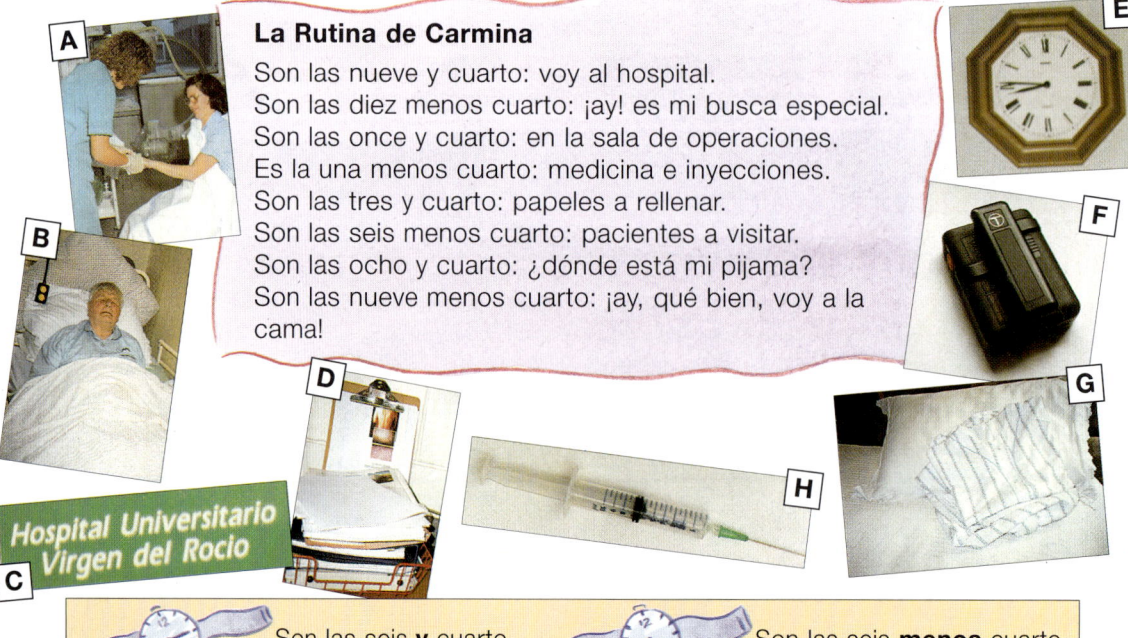

La Rutina de Carmina

Son las nueve y cuarto: voy al hospital.
Son las diez menos cuarto: ¡ay! es mi busca especial.
Son las once y cuarto: en la sala de operaciones.
Es la una menos cuarto: medicina e inyecciones.
Son las tres y cuarto: papeles a rellenar.
Son las seis menos cuarto: pacientes a visitar.
Son las ocho y cuarto: ¿dónde está mi pijama?
Son las nueve menos cuarto: ¡ay, qué bien, voy a la cama!

Hospital Universitario Virgen del Rocío

Son las seis **y** cuarto   Son las seis **menos** cuarto

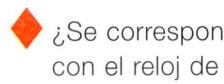

4 Oye, Paco, ¿adónde vas?

♦ ¿Se corresponden las horas **a**–**e** con el reloj de Paco? Escribe ✔ o ✗.

♣ Apunta adónde va Paco.

 *Ejemplo*

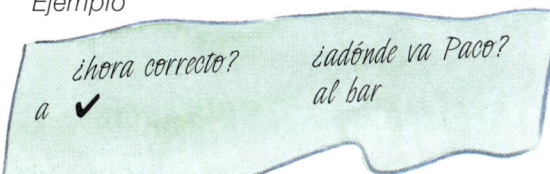

¿hora correcto?   *¿adónde va Paco?*

a   ✔   *al bar*

a   Son las once menos diez.

b   Es la una y veinte.

c   Son las cuatro menos cinco.

d   Son las cinco y diez.

5 Los relojes

♦ ¿Qué hora es? Escribe o dibuja.

1   Son las nueve y cuarto.
2   Es la una menos veinte.
3   Son las once menos diez.

4   Son las seis y cinco.
5   Son las diez y media.
6   Son las nueve menos veinticinco.

Ejemplo **1** 9.15 o

♣ Rellena los huecos.

Ejemplo **1** Son las **siete** y cuarto.

1  Son las (......) y cuarto.

2  Son las (......) menos cuarto.

3  Son las cinco (......) veinte.

4  Es la una (......) diez.

5  (......)

6  (......)

¡Uf! ¡Qué montón de información!

El sábado, ¿quieres ir ...

9B OBJETIVO
¿Quieres ir ...?

1  ... al cine?

2  .... al polideportivo?

3  ... al parque de atracciones?

4 ... al club de jóvenes?

5 ... al estadio de fútbol?

6 o Corte Inglés o Galerías Preciados — ... al centro comercial?

7  ... a la bolera?

8  ... a la pista de hielo?

9  ... a la piscina?

Bueno, llamo a José Luis y Carlos ...

1 El sábado, ¿quieres ir ...?

¿Adónde van? Escribe el lugar. *Ejemplo* **a** a la piscina.

a  b c  d  e

2 ¿Y tú?

◆ Adivina lo que quiere tu pareja.

♣ Reacciona a lo que dice tu pareja.

A Quiero ir a la bolera. **B**

¿Quieres ir al polideportivo?

No.

¿Quieres ir a la bolera?

Sí.

A ¿Quieres ir al polideportivo? **B**

Sí, me gusta mucho. ¿Quieres ir al cine?

No, gracias, es aburrido.

3 ¿Cuándo quieres ir?

Escucha a los jóvenes 1–5. ¿Adónde y cuándo van?

Ejemplo **1 a** Al estadio, por la mañana.

a  por la mañana b por la tarde c por la noche

4 ¿Por la mañana?

¿Adónde vas tú y cuándo?
Describe tu rutina.

Ejemplo

> El viernes por la tarde, voy al club de jóvenes.
> El sábado por la mañana, voy al centro comercial.
> El domingo por la mañana voy a la iglesia.

5 La invitación

♦ ¿Quién lo dice? Empareja y escribe el nombre:
Carlos, José Luis, Juan o Pilar.

Ejemplo **1** + **b**: Carlos

1	Voy al estadio	**a**	con Isabel
2	Voy al centro	**b**	con Miguel
3	Voy a la piscina	**c**	con mi familia
4	Voy a Granada	**d**	con Papá

♣ Completa una frase para:
José Luis, Carlos, Juan e
Isabel.

Ejemplo
José Luis **va** a Granada **con**
su familia e Isabel.

6 Voy ...

Practica con tu pareja. Lee las conversaciones
e inventa más.

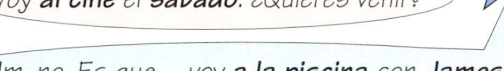

A *Voy **al cine** el **sábado**. ¿Quieres venir?* **B**

*Mm, no. Es que ... voy **a la piscina** con **James**.*

*Voy **a la bolera** el **martes por
la tarde**. ¿Quieres venir?*

*Sí, ¡**estupendo**! Vale, gracias.*

7 Te toca a ti

Escribe una invitación a un
amigo / una amiga en tu
clase. Tu amigo/a contesta.

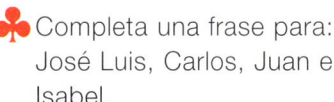

el (sábado) por la mañana
voy al ... / a la ... ¿Quieres venir?
no, lo siento, voy al ... /a la ... con (X)
vale, estupendo, fenomenal

9C OBJETIVO
¿Estás libre?

1 Lo siento, no puedo...

José Luis invita a Pilar. Apunta el orden de las excusas.

1 No tengo mucho tiempo.

2 No tengo ganas.

3 No tengo mucho dinero.

4 Tengo un montón de deberes.

2 Por teléfono

◆ **A** invita; **B** inventa excusas.

♣ Utiliza otras expresiones que conoces.

A ¡Hola! ¿Quieres ir el sábado al cine?

B No tengo mucho dinero.

¿El domingo?

Tengo un montón de deberes.

¿El martes?

A El sábado voy a la discoteca. ¿Quieres venir?

B Mm... no tengo mucho dinero.

¿Prefieres ir al cine?

Es que el sábado no tengo mucho tiempo ...

Bueno, otro día, entonces. Adiós ...

Otras excusas
No puedo – tengo que (ir al centro) con... (mi madre)

---

3 Una invitación

Lee las invitaciones. Escribe las respuestas. Explica por qué no puedes ir.

Ejemplo

◆ Lo siento, Marisa, pero no tengo ganas.

♣ ¡Marisa, gracias por tu invitación! Pero no tengo ganas. Es que... no me gusta mucho la piscina. Lo siento. ¿Quieres ir al cine?

	sábado	domingo
mañana	11.00 clase de piano	dinero 1000 ptas carpeta 475 pluma 350 TOTAL 825
tarde	¿piscina 😊 con Marisa?	sólo tengo 175 pesetas ¡¡qué desastre !!
noche	6.30 Compras con Mamá Concierto a las 9.00	deberes deberes y más deberes...

¿Qué tal estás? El domingo por la noche voy al club de jóvenes y después, a la cafetería El Payaso con el grupo. ¿Quieres venir? Eduardo

El sábado voy al cine a las seis. ¿Quieres venir? Clara

¡Hola! Voy a la piscina el sábado por la tarde a las cuatro. ¿Quieres venir? Marisa

¿Quieres ir al parque de atracciones el domingo por la mañana? Cuesta 500 pesetas, y el autobús cuesta 250 pesetas. Raúl

pero ...
es que ... / el problema es que ...
no puedo / no quiero porque ...

4 La moto

Pepa llama por teléfono a Tomás.
Empareja las preguntas y las respuestas.

Ejemplo **1 d**

1 ¿Tomás?
2 ¿Estás libre esta tarde?
3 ¿Quieres dar una vuelta en moto?
4 ¿Dónde nos vemos?
5 ¿A qué hora nos vemos?

a Sí, ¡qué bien!
b Delante de mi casa.
c A las ocho.
d Sí, soy yo.
e Sí, estoy libre. ¿Por qué?

5 ¿Dónde y a qué hora nos vemos?

a ¿Qué letra es en el mapa? *Ejemplo* **1c**

1 ¿Nos vemos delante de la piscina?

2 Nos vemos enfrente de la iglesia, ¿vale?

3 ¿Nos vemos detrás del cine?

4 Entre la iglesia y la bolera, ¿de acuerdo?

5 ¿Si nos vemos al lado del polideportivo?

b Utiliza el mapa e inventa conversaciones con tu pareja.

delante del cine, al lado de la bolera		
a la una a las dos	y cuarto / y media y (veinte)	menos cuarto menos (diez)

9 Acción Lengua

How to … • say where you and others are going; ask someone where they are going

● ¿Preparados?

Completa las frases con **voy**, **vas**, **va** (mira la página 77).

1

> Carlos, el sábado ………… a la piscina con Isabel

2

> ¿No ………… a la piscina con José Luis y Carlos?

3

> Isabel ………… a Granada con José Luis el sábado.

● ¿Listos?

voy	I go, I am going
vas	you go, are you going?
va	s/he goes, is going

Voy al estadio.   **I'm going** to the stadium.
¿**Vas** al parque?   **Are you going** to the park?
Pepa **va** a Madrid.   Pepa **is going** to Madrid.

▶▶ Gramática 19

● ¡Ya!

¿Qué dicen los amigos? Rellena los espacios con **voy**, **vas**, **va**.

> Oye, Nieves, ¿qué ………… a hacer el viernes por la noche?

> ………… al cine.

> ¿Tu hermana …………también?

> No, Marifé ………… a jugar al tenis con sus amigas.

> ¿Y tú? ¿Adónde ………… el viernes?

> Depende. No sé si Paco ………… al estadio.

> Sí Paco ………… al estadio, ¿tú ………… también?

> Sí, me gusta mucho el fútbol. No ………… a jugar, pero me gusta verlo.

Lo normal

10

Es normal tener que ayudar en casa. Hay que:

planchar

quitar el polvo y   recoger el dormitorio

En el instituto hay que pedir permiso también:

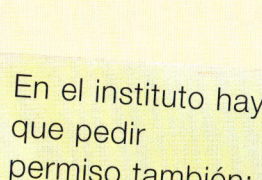

¿Puedo trabajar con mi amiga?

¿Puedo cerrar la ventana?

¿Puedo ir al servicio?

Es normal también, cuando eres jóven, cambiar de humor. En un día, estás ...

contento,   furiosa,   triste,   aburrido ...   ¡Es normal!

‹ Planes   **Rutina ››**

10A OBJETIVO
¿Qué tienes que hacer?

¡Juan! Tienes que recoger tu dormitorio. ¡Es una pocilga!

¡Un momento, Tomás! Tienes que quitar la mesa y lavar los platos ...

pasar la aspiradora, y poner la mesa.

Y tú, ¿qué tienes que hacer?

El problema es que tengo que compartirlo con Tomás ...

Tengo que hacer la cama ...

... quitar el polvo y sacar la basura. Y Papá tiene que planchar.

Tía Teresa no está muy bien. Va a preparar la comida.

Todo el mundo tiene que ayudar en casa, Juan, ¡es normal!

¿Y tía Teresa?

¿Sí? Entonces, ¿dónde está Isabel?

 1 Todo el mundo

◆ Empareja los dibujos con los quehaceres. *Ejemplo* **1 b**

Tengo que ...
1 hacer la cama
2 lavar los platos
3 quitar el polvo
4 pasar la aspiradora
5 planchar
6 preparar la comida
7 poner la mesa
8 quitar la mesa
9 recoger mi dormitorio
10 sacar la basura

♣ Este memo es para Omar. Escribe memos para Tomás, Pilar, y Juan.

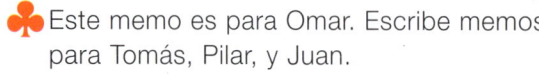
Omar, ¡tienes que planchar!

 2 ¿Tienes que ayudar en casa?

Copia el cuadro y escucha las respuestas de ocho alumnos: escribe su número en la columna correcta.

todos los días	el fin de semana	de vez en cuando	nunca
	alumno 1		

3 ¿Qué tienes que hacer en casa?

Entrevista a dos o
tres amigos de tu clase:

A ¿Tienes que hacer la cama?

B Sí, todos los días.

¿Tienes que recoger tu dormitorio?

Sí, el fin de semana.

¿Tienes que preparar la comida?

No, nunca.

4 A elegir

◆ **a** Escribe una pintada.

Ejemplo

Tengo que hacer mi cama
todos los días
¡no es justo!

fenomenal   estupendo   ¡qué bien!
me encanta   me gusta mucho

b Escribe un poema de entre seis y diez
líneas. Apunta tu opinión.

Ejemplo

Los quehaceres

¿Lavar los platos? ¡fatal!
¿Lavar la ropa? ¡ni hablar!

¡no, gracias!   ¡no es justo!
¡qué horror!   ¡qué va!   ¡ni hablar!
¡jolín!   no me gusta (nada)

♣ **a** Maite, la prima en Méjico,
recibe una carta de Pilar.
Rellena los huecos.

compras	nunca
hospital	la ropa
basura	cama
pocilga	dos

b Un poco de teatro: inventa una
conversación entre Pilar y
una amiga de su clase: Pilar
explica los problemas de casa.

¡Hola, Pilar! ¿Qué tal?

¡Fatal!

Es un poco difícil en casa, porque tía
Teresa no está muy bien. Como somos
.... familias en el piso, tengo que
ayudar mucho. Tengo que hacer mi
.... y recoger mi dormitorio
(normal - ¿no?) pero tengo que sacar la
.... también, quitar el polvo, ir de
.... con Papá al supermercado,
ayudar a planchar, lavar .... Mi
hermano Juan es muy perezoso - no
quiere ayudar. Sólo tiene que recoger su
dormitorio, pero es una .... porque
tiene que compartirlo con Tomás - ¡y
Tomás es un desastre! Mamá tiene
mucho trabajo en el .... por la
noche, Isabel quiere salir con mi amigo
José Luis y .... está en casa ...
Todo es un poco difícil.
Escríbeme pronto,
un abrazo,
Pilar

Preguntas útiles

Pero, ¿qué pasa?   ¿Qué tal está tu tía Teresa?   ¿Tienes que ayudar.mucho?
Tu hermano Juan, ¿no tiene que ayudar?   ¿Qué tal está tu mamá?   ¿Y Tomás e Isabel?

10B OBJETIVO
¿Puedo …?

¡Hola! Hola, Carlos …

¿Puedo trabajar con Marisa?

Sí.

¿Puedo quitarme la chaqueta?

Sí, Charo.

¡Ay, lo siento!

¿Puedo quitarme el jersey?

Vale, Raquel.

¡Ay, perdón, Isabel!

¿Puedo ir a mi clase de música? Son las nueve y media.

Vale, Gari.

¿Puedo abrir la ventana?

Rápido, Charo.

¡Ay! ¡Qué pena! Lo siento mucho, Isabel.

¿Puedo cerrar la ventana, por favor?

No, Raquel, no puedes.

Señorita, puedo ir al servicio?

Vale.

No estoy muy bien. ¿Puedo ir a la enfermería?

Sí, Pilar …

Pero, ¿qué pasa? No entiendo nada …

1 ¿Puedo?

♦ Apunta el orden de las preguntas ¿Puedo …?

Ejemplo **4** –¿Puedo trabajar con Marisa?

1
2
3
4
5
6
7
8

♣ **a** ¿Quién es - Charo, Gari, Isabel, la profesora, o Pilar?

Ejemplo **1** Charo.

1 Es antipática.
2 No quiere trabajar con Isabel.
3 Está triste.

4 Está preocupada por Isabel y Pilar.
5 Le gusta la música.

b Completa con **puedo** o **puedes**.

Ejemplo **1** ¿**Puedo** abrir la ventana?

1 ¿…… abrir la ventana?

2 No, Raquel - no …… cerrar la ventana.

3 Vale, Gari …… ir a tu clase de música.

4 Profesora, ¿…… ir al servicio?

2 El alumno perezoso

Rellena los huecos con la palabra correcta, escucha la canción y canta en tu clase.

Ejemplo **1** - ventana.

1 ¿Puedo abrir la (... **1** ...) ?
(porque no quiero estudiar)
¿(... **2** ...) ir al servicio?
(porque no quiero trabajar)

2 ¿Puedo ir a mi (... **3** ...) de trompeta?
(porque me gusta la música)
¿Puedo ir a la (... **4** ...)?
No estoy muy bien (¡ja! ¡ja!)

3 ¿Puedo (... **5** ...) la ventana, señor?
(¡No es justo decir que no!)
¿Puedo (... **6** ...) con Juan?
(¡porque es más perezoso que yo!)

4 ¿Puedo (... **7** ...) el jersey?
(¡psst! ¡oye! ¡dime!, ¿qué pasa?)
¿Son las tres y media ya?
¡Ay, qué bien, puedo (... **8** ...) a casa!

ventana	clase	cerrar	quitarme	ir	enfermería	puedo	trabajar

3 ¿Qué dice el profe?

a Empareja las preguntas y las respuestas del profe. *Ejemplo* **1 c**

1 ¿Puedo ir a mi clase de música?
2 ¿Puedo trabajar con Santi?
3 ¿Puedo ir al servicio?
4 ¿Puedo abrir la ventana?
5 ¿Puedo ir a la enfermería?
6 ¿Puedo trabajar en el ordenador?

a ¡No, no puedes!
b Vale, sí.
c Claro que sí.
d Espera un momento.
e ¡Lo siento, pero no!
f Bueno, rápido.

b Un poco de teatro con tu pareja. **A** hace preguntas; **B** es profe y contesta.

4 En tu cuaderno

Haz una lista de las preguntas
más útiles para ti. Pégala en
tu cuaderno.

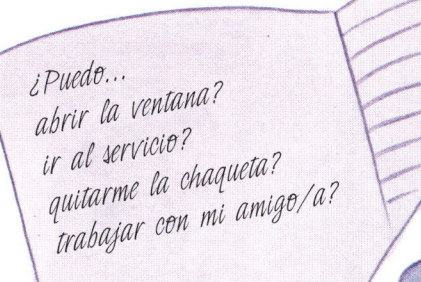

¿Puedo...
abrir la ventana?
ir al servicio?
quitarme la chaqueta?
trabajar con mi amigo/a?

Gramática 18

10C OBJETIVO ¿Qué tal estás?

 Estoy contento
 Estoy triste

 Estoy harto
 Estoy cansada

 Estoy deprimido
 Estoy estresada

 Estoy furioso
 Estoy preocupada

 Estoy decepcionado
 Estoy ilusionada

1 ¿Qué tal están?

a Escucha y lee.
b Escucha otra vez. ¿Qué tal los amigos?

◆ Apunta la emoción. *Ejemplo* José Luis - contento.

♣ ¿Por qué? *Ejemplo* José Luis ♥ Isabel.

José Luis	Carlos
Pilar	Isabel
Teresa	Carmina
Omar	Michael

2 Imagina

◆ Trabaja con tu pareja o en grupos:
A representa una emoción con gestos
y **B** adivina.

A ¿Estás triste? **B**
No. ¿Estás harto?
¡Sí!

♣ Inventa otras frases.

A ¡Voy al instituto! **B**
¿Estás contenta?
Mm... no. ¿Estás ilusionada?
¡Sí!

3 ¿Qué tal estás?

◆ Elige 6-8 de estas situaciones y apunta cómo reaccionas.

Ejemplo **1** El viernes por la tarde, **estoy contenta**.

1 El viernes por la tarde…
2 Cuando voy al instituto…
3 Cuando tengo muchos deberes…
4 Cuando no hay nada de interés en la tele…
5 Cuando no puedo salir con mis amigos…
6 El domingo por la noche…
7 Cuando tengo una clase de deporte…
8 Cuando tengo exámenes…

♣ Añade un poco más:

Ejemplo **1 Estoy** muy **contenta** porque voy al cine por la noche.

| muy | bastante |
| un poco | porque |

(m)	(f)
estoy content**o**	estoy content**a**
estoy trist**e**	estoy trist**e**

Adiós

¿Pilar? Teléfono.

¡Adiós, a la familia Willoughby! Isabel va al nuevo piso hoy con tía Teresa y Tomás. Estoy muy contenta porque estoy harta de Isabel. Juan está muy ilusionado también porque no le gusta Tomás. Mamá está preocupada porque no puede ayudar mucho a tía Teresa cuando no vive aquí. Y tía Teresa está fatal: no tiene energía …

¡Isabel - ven! ¡El taxi está aquí!

Bueno … adiós, Pilar.

Adiós.

4 ¡Adiós!

◆ ¿Qué tal están? Apunta tu opinión.

Ejemplo Juan está ilusionado.

Juan

Teresa

Carmina

Tomás

Pilar

Isabel

♣ ¿Quién habla: Carmina, Isabel, Pilar o Tomás?

Ejemplo **1** Carmina

1 No puedo ayudar mucho, ahora.

2 No tengo que compartir un dormitorio con Juan. ¡Qué bien!

3 Pilar está furiosa conmigo.

4 Estoy decepcionada, pero es mi prima …

Acción Lengua

● **¿Preparados?**

Copia y pon las frases en la sección correcta.

Ejemplo _____ | ¿Puedes cerrar la puerta? | _____

¿Puedes cerrar la puerta?

¿Puedo ir al servicio?

El problema es que no puede ir al parque.

¿Puedo ir a la enfermería?

Mamá, la tía Marina no puede venir a la fiesta.

¿Puedes jugar al fútbol el viernes?

● **¿Listos?**

pued**o**	I can
pued**es**	you can
pued**e**	s/he can

¿Pued**o** ir al servicio?
Pued**es** salir el viernes.
Mi amiga no pued**e** venir.

Can I go to the toilet?
You can go out on Friday.
My friend can't come.

▶▶ Gramática 18

● **¡Ya!**

◆ Elige la palabra correcta.

Ejemplo Lo siento, pero no
puedo jugar al fútbol …

♣ Rellena los huecos en la carta de Isabel con **puedo**, **puedes** o **puede**.

Ejemplo No **puedo** hablar con Pilar …

¡Hola Pablo! Lo siento, pero no (*puedo* / *puedes*) jugar al fútbol el sábado. Un accidente en moto - ¡estoy en el hospital! Probablemente, Iñaki (*puedo* / *puede*) jugar. Hasta luego, Miguel.

PS Si vas de compras, ¿(*puedes* / *puede*) comprarme una copia de *Fútbol Mundo* para octubre? Gracias.

Querido Papá,
Es mi primer día en el nuevo piso con Mamá y Tomás, pero no estoy contenta … En realidad, estoy muy triste: no (…1…) hablar con Pilar sobre lo de José Luis, porque Pilar está furiosa conmigo. No sé lo que (…2…) hacer - es muy difícil. Y tú no (…3…) ayudar, porque estás en Inglaterra. Y estoy preocupada por Mamá: está muy cansada - sólo (…4…) preparar la comida, pero no (…5…) ayudar mucho en casa. ¡Y Tomás - qué desastre! ¡Tú no (…6…) imaginar la pocilga que es su nuevo dormitorio! Papá, ¿no (…7…) venir aquí a Sevilla? ¿Por lo menos, para una visita de dos o tres días? ¿Por favor?

Un abrazo y muchos besos
Isabel

De fiesta

Objetivo A ¿Cuándo es tu cumpleaños?
Objetivo B ¿Qué te gustaría hacer?
Objetivo C **Quisiera comprar un regalo**

Los sevillanos siempre están de fiesta: fiestas personales como el cumpleaños, o fiestas comunales como Semana Santa y la Feria de Abril.

Semana Santa es una fiesta religiosa muy importante en Sevilla: cada iglesia lleva su paso por las calles a la Catedral.

El cumpleaños se celebra el día de tu nacimiento con regalos y una fiesta...

y tarjetas.

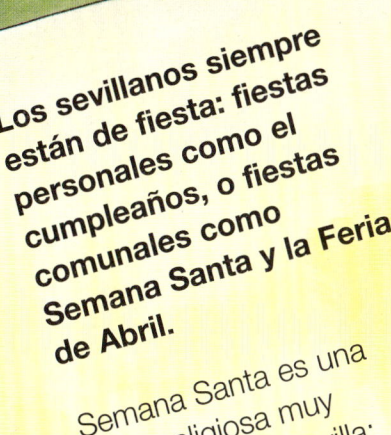

Un paso llegando a la Catedral.

En la Feria de Abril se viste de elegante.

Para regalos, hay muchas posibilidades.

La sección de discos en el Corte Inglés

La tienda de fútbol

La tienda de recuerdos

El mercadillo

< Rutina

Fiesta >>

11A OBJETIVO
¿Cuándo es tu cumpleaños?

1 ¿Cuándo?

◆ ¿De quién es el cumpleaños? Escribe el nombre.

Ejemplo **a** 19/2: Isabel

a 19/2	**c** 2/6	**e** 1/5
b 21/11	**d** 7/4	**f** 12/8

♣ Completa la agenda de Isabel con los cumpleaños de Carlos, José Luis, Pepa y Pilar.

2 ¿Puedes firmar aquí?

Escribe los meses en una hoja. Pregunta a tu clase. Necesitas una firma para cada mes.

▶▶ Gramática 9

con amigos	¿cuándo es **tu** cumpleaños?	¿pued**es** firmar aquí?
con el/la profe	¿cuándo es **su** cumpleaños?	¿pued**e** firmar aquí?

3 ¡Cumpleaños feliz!

Canta y aprende la canción en tu clase. Dibuja y prepara una tarjeta.

> Cumpleaños feliz,
> cumpleaños feliz,
> te deseamos todos
> ¡cumpleaños feliz!

LAGARTO, LAGARTO ...

¡ ... HOY CUMPLES UN AÑO MÁS!

¡ FELICIDADES!

Feliz cumpleaños, Pilar
Un abrazo,
Carlos

Estamos listos ...

... para tu fiesta de cumpleaños.
¡ Muchas felicidades !

4 Las estaciones

Escucha a las seis personas. ¿Cuándo es su cumpleaños?

◆ Apunta la estación.

♣ Apunta otros detalles: la fecha exacta, si les gusta o no ...

la primavera — marzo, abril, mayo

el verano — junio, julio, agosto

el otoño — septiembre, octubre, noviembre

el invierno — diciembre, enero, febrero

5 El año

¿Qué significan los meses del año para ti? Dibuja una línea de los meses y escribe por qué es interesante o importante para ti.

Ejemplo

enero	¡fatal! No me gusta nada el invierno.
febrero	el 13 - mi cumpleaños
marzo	Pascuas
abril	el 2 - el cumpleaños de mi hermana
mayo	la primavera - ¡qué bien!
junio	me gusta el verano / pero hay exámenes
julio	puedo hacer natación en la piscina - ¡estupendo!
agosto	las vacaciones – ¡fenomenal! / las vacaciones
septiembre	no quiero ir al instituto
octubre	el 28 - el cumpleaños de mi mejor amigo
noviembre	el otoño: es bonito
diciembre	Navidad - ¡me encanta!

11B OBJETIVO
¿Qué te gustaría hacer?

1 ¿Te gustaría ...?

Carmina pregunta a Pilar, 'El día de tu cumpleaños,
¿qué te gustaría hacer?' Apunta las respuestas de Pilar.

Ejemplo **1** ✔

> ✔ Me gustaría mucho
> ? No lo sé
> ✘ No me interesa mucho

1 comer en un restaurante

2 ver un espectáculo

3 ver una película

4 hacer una fiesta

5 montar en globo

6 salir en pandilla

7 invitar a amigos a pasar la noche

8 visitar la capital

2 El día de tu cumpleaños

◆ Túrnate con tu pareja. **A** pregunta, **B** contesta: **mucho**, **no lo sé**, **no mucho**.

A ¿Te gustaría hacer una fiesta?

B Mm... no mucho. ¿Te gustaría ver un espectáculo?

A No lo sé...

A ¿Te gustaría hacer una fiesta?

B Sí, me gustaría. ¿Y a ti?

A No lo sé ... ¿Te gustaría ver un espectáculo?

B No, no me interesa mucho. ¿Te interesa a ti?

¿te gustaría ... (a ti)?	sí, me gustaría (mucho)
¿te interesa ... (a ti)?	no, no me interesa (mucho)

3 Una tarde aburrida

Tomás y Pilar están en casa. Llega Carlos.

◆ Apunta las actividades.
Pilar quiere ¿✔ o ✘?

Ejemplo **1** ver una película (✘)

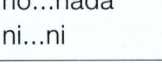 Contesta **verdad** o **mentira** o **no se sabe**.

1 Pilar no quiere invitar a Isabel.
2 José Luis está con Isabel.
3 Carlos quiere salir con Pilar.
4 Pilar y Carlos salen en pandilla.

4 La Leona

Lee el artículo y
las frases 1-10.
Escribe **sí** o **no**.

Ejemplo **1 no**.

¡Atención! Negativos
no
no...nada ✘
ni...ni

◆ A la Leona, le gustaría...

1 ir al polideportivo
2 hacer gimnasia
3 ver la capital
4 ver la televisión
5 hacer turismo
6 ir al cine
7 ir al teatro
8 ir a la pista de hielo
9 bailar en una discoteca
10 tocar un instrumento musical

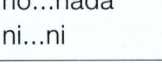 Empareja las frases que quieren decir
la misma cosa.

Ejemplo **1 d**

1 ver una película
2 ir de compras
3 ver monumentos históricos
4 salir con amigos
5 cenar fuera

a hacer un poco de turismo
b salir en pandilla
c comer en un restaurante por la noche
d ir al cine
e ir de tiendas

● *Imagina tu sábado perfecto. ¿Qué te gustaría hacer?*
Bueno, normalmente el sábado por la mañana, voy al polideportivo así que ¡me gustaría no hacer gimnasia! Preferiría visitar la capital un poco – ir de tiendas, hacer un poco de turismo...

● *¿Y por la tarde?*
Mm, normalmente el sábado por la tarde, voy al estudio de televisión o al Centro de Exposición ...

● *¿Te gusta ver 'Los gladiadores' en la tele?*
¡Francamente, no! No me gusta ver todos mis errores ... No me interesa ni el cine ni el teatro, así que...no sé...salir con amigos a la pista de hielo o ver un espectáculo.

● *¿Y por la noche?*
Invitar a amigos a cenar fuera. Me encanta la comida italiana o Thai. ¡Y luego bailar toda la noche en una discoteca o en un club!

● *¿Hay algo que te gustaría hacer en el futuro?*
Sí, ¡me gustaría tocar la guitarra o la batería en un grupo de rock o jazz!

5 El sábado perfecto

Imagina tu sábado perfecto.
¿Qué te gustaría hacer (o no hacer)?
Escribe tu programa o inventa
una entrevista para la tele.

Ejemplo

Mi sábado perfecto

Por la mañana...
me gustaría ir al polideportivo
y no ir a mi clase de piano

 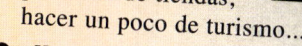

11C OBJETIVO
Quisiera comprar un regalo ...

Un regalo para Pilar ...

¿Una camiseta? ¡Es un poco pequeña!

Uh-ho, Roberto.

¿Un jersey? Es grande, Pepa.

Es ideal para ti, Roberto.

¿Un reloj? ¡Uf! Es caro.

13,000 ptas

¿Un póster? Es barato.

Sí, pero no me gusta.

'Pósteres' 200 ptas

¿Qué desea?

Quisiera comprar un regalo para mi prima.

¿Un compact disc? Son dos mil pesetas. ¿O un videojuego?

Mmm ... es demasiado caro. ¿Tiene algo más barato?

800 ptas

¿Un cinturón? Ochocientas pesetas.

Mm... es un poco aburrido. ¿Tiene vale-regalos?

Sí.

¡Ideal! Pues, un vale-regalo de mil pesetas.

¡Un Walkman, Pepa, no!

¡Qué estúpida!

Perdón ...

1 Un regalo para Pilar

◆ Rellena los huecos con la palabra correcta.

Ejemplo **1** El reloj es **caro**.

1 El reloj es ......
2 La camiseta es ......
3 El póster es ......
4 El cinturón es ......
5 El jersey es ......
6 El vale-regalo es ......

barato
ideal
pequeña
caro
aburrido
grande

♣ Completa las frases con la palabra correcta.

Ejemplo **1** El compact disc es muy caro.

El compact disc es muy (...**1**...).
Lo bueno del póster es que es (...**2**...).
El vale-regalos es (...**3**...).
Lo malo es que el jersey es un poco (...**4**...).
La camiseta es demasiado (...**5**...) para Pepa.
El problema con el cinturón es que es (...**6**...).

2 ¿Qué hay en el paquete?

Túrnate con tu pareja: ¿qué hay en el paquete? **A** decide qué hay; **B** adivina.

A

un videojuego.

no.

¡sí!

B

¿un cinturón?

¿un videojuego?

3 Yo quisiera

◆ Escribe tu lista personal, en orden de preferencia.

♣ Utiliza tu diccionario para otros regalos, o pregunta a tu profe.

¿Cómo se dice 'trainers' en español?

¿Cómo se escribe?

Para mi cumpleaños, quisiera ...
un Walkman
un jersey
u

4 ¿Qué te parece?

¿Ideal o no? Apunta tu opinión.

Ejemplo **1** Es demasiado grande / El problema es que el cinturón es muy grande.

 1  2  3  4  5 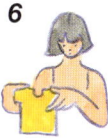 6

el póster, el reloj, el cinturón. el jersey, el videojuego es la camiseta es	un poco muy demasiado	pequeño/a, grande barato/a, caro/a ideal, aburrido/a

5 En la tienda de recuerdos

Otros regalos populares son la cerámica o el turrón.

un plato

un tarro

una caja de turrón

O si te gusta el fútbol ...

una pegatina

una bufanda del Real Betis

◆ Escucha las conversaciones 1-6. Apunta el regalo y cuánto es.

Ejemplo **1** un plato – 1.000 ptas.

♣ Apunta también otros detalles.

Ejemplo **1** un plato – 1.000 ptas – muy caro.

 Vale, está bien.

 Lo dejo, gracias.

6 De compras

Túrnate con tu pareja:
A es dependiente,
B es cliente.
Inventa otros diálogos.

 A

 B

¿Qué desea?

Quisiera comprar un regalo para mi **madre**.

¿Algo de cerámica? ¿Un plato?

¿Cuánto es?

Mil pesetas.

¿Tiene algo más **barato**?

Sí. ¿Un **tarro**? Son **quinientas** pesetas.

Vale, está bien.

Acción Lengua

How to … • say what you'd like, have to, or are able to do.

● ¿Preparados?

a Mira las páginas 82 y 92, y termina los verbos.

1 ¡Arancha - rápido! ¡Tienes que **lav**...los platos!

2 ¡No quiero! ¡Quiero **v**.. un espectáculo en la tele!

3 Ramón, tienes que **recog**... tu dormitorio - ¡es una pocilga!

4 No tengo tiempo, Mamá. Quiero **sal**...con la pandilla a las once.

5 Ana, por favor, ¿No puedes **hac**...tu cama?

6 Bueno, sí. Pero, ¿puedo **invit**... a Celia a quedarse la noche?

7 Y yo tengo que **prepar**...la comida ¡y no quiero!

8 Me gustaría **com**... en un restaurante esta tarde!

b Escribe los verbos en tres columnas.

-ar	-er	-ir
Ejemplo lavar		

● ¿Listos?

Los verbos
-ar, **-er**, **-ir** (to...)

tengo que	lav**ar** los platos	I have **to wash** the dishes
me gustaría	v**er** una película	I'd like **to see** a film
puedo	sal**ir** el viernes	I can/am able **to go out** on Friday

● ¡Ya!

♣ Utiliza el cuadro. ¿Cuántas frases puedes inventar?

Ejemplo ¡No quiero lavar los platos!

◆ Añade una razón.

Ejemplo ¡No me gustaría recoger mi dormitorio, Papá, porque quiero salir con mis amigos!

(no)	me gustaría / quiero / puedo / tengo que	invitar a mis amigos a quedarse la noche
		lavar los platos
		pasar la aspiradora
		comer en un restaurante
		hacer una fiesta
		poner la mesa
		recoger mi dormitorio
		ver un espectáculo/una película
		ir a mi clase de música
		abrir la ventana
		salir con mis amigos

¡A comprar!

Objetivo A ¡Qué rico!

Objetivo B ¿Dónde está?

Objetivo C ¿Qué desea?

Hay una gran variedad de tiendas en Sevilla.

En el centro hay grandes almacenes como el Corte Inglés, Marks & Spencer y centros comerciales muy modernos como Los Arcos.

Mucha gente que vive en pisos en el centro antiguo va de compras al mercado o a las tiendas pequeñas de su barrio:

〈 Fiesta

Tiendas 〉〉

12A

OBJETIVO
¡Qué rico!

A *Hay que preparar ... el gazpacho*
la tortilla
el pastel
la sangría

el gazpacho   la tortilla   el pastel

el vino   el zumo de fruta   la sangría

B *Hay que comprar ... el vino*
el zumo de fruta
la limonada el pan
los tomates
los pimientos
los huevos
las patatas

los tomates   los huevos   las patatas

los pimientos   la limonada   el pan

 1 **¿Se bebe o se come?**

a Escucha y repite.
b Túrnate con tu pareja:
A piensa en un plato
o un ingrediente,
B adivina.

A *tomates*   *¿Se bebe?*   **B**
No.   *¿Tortilla?*
No.   *¿Tomates?*
¡Sí!

Se bebe

Se come

2 **Se hace con ...**

Teresa explica a Tomás cómo se hacen los platos.

◆ Apunta los ingredientes para ...
1 el gazpacho   **2** la tortilla de patatas
3 la sangría

Ejemplo **1** tomates...

♣ **¿Sí** o **no**?
1 El gazpacho es una sopa fría.
2 La tortilla es muy típica.
3 La sangría no es alcohólica.

3 ¡Qué rico!

◆ Empareja correctamente. *Ejemplo* **1** d

1 Me gusta	**a** los bocadillos de jamón
2 No me gusta	**b** las aceitunas
3 Me gustan	**c** la naranja
4 No me gustan	**d** el chocolate

 ¿Qué tal Teresa - ilusionada, decepcionada o cansada?

4 ¡Puaj!

Completa los pensamientos
de Tomás con **gusta** o **gustan.**

(no) me gusta	el ... / la ...
(no) me gustan	los .../ las ...

▶▶ Gramática 21

Me (...**1**...) el pastel de chocolate y me (...**2**...) las patatas fritas. No me (...**3**...) los bocadillos de queso. Sí, me (...**4**...) los bocadillos de jamón. ¿Las aceitunas? ¡Puaj! Las aceitunas no me (...**5**...) nada! Me (...**6**...) la sangría y me (...**7**...) los zumos de fruta, pero prefiero la Coca-cola.

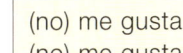

5 Con tu clase

a Con tu clase y profe haz una lista de bebidas y comidas en la pizarra.

b Túrnate con tu pareja.

¿Cómo se dice 'sausages' en español?

 A ¿Te gusta la limonada?

 B

Mm... ¡Qué rica! Me gusta mucho.

¿Te gustan las hamburguesas?

¡Puaf! Soy vegetariano.

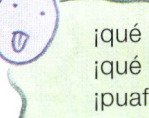

:)	:P
¡qué rico!	¡qué soso!
¡delicioso!	¡qué asco!
me encanta/n ...	¡puaf!
me chifla/n ...	¡puaj!

12B OBJETIVO
¿Dónde está...?

¿Me dejas la lista? Pasteles - ¡mm...! ¿Dónde está **la pastelería**?

Y fruta ...

Allí, al final.

La frutería está aquí cerca.

Carne ... en **la carnicería**. Isabel, ¿qué dice esto?

Pescado... ¿dónde está **la pescadería**?

Al lado de la carnicería. Tisús y aspirina - en **la farmacia**, ¿no?

En **la droguería** también. La farmacia es más para antibióticos y medicina.

La droguería está en la fila número ... cinco.

Quiero café también.

En la sección de **alimentación** entonces - fila número tres. Y quiero una copia de Superpop ...

El **quiosco** está allí, al final. Pero primero el pan. ¿Dónde está **la panadería**?

1 ¿Dónde está ...?

◆ Mira la página 97. Escribe los nombres de las tiendas o puestos en el mercado **a** - **i**.

Ejemplo **a** la panadería.

♣ Empareja correctamente las dos partes de las frases. *Ejemplo* **1c**

1 Se venden revistas, como *Superpop*
2 Se vende medicina
3 Se venden tisús, productos para lavar la ropa, etc
4 Se venden productos como el café, los cereales, etc
5 En inglés, 'fila'

a en la droguería
b en la sección de alimentación
c en el quiosco
d en la farmacia
e se dice 'aisle'

2 Por favor

◆ **A** es cliente y **B** es dependiente.

A Por favor, ¿dónde está la frutería?

B En la fila numéro uno.

Vale. ¿Y dónde está la pastelería?

Al final, cerca de la panadería.

El supermercado Continente

¿Dónde está ...? Está en ...	la fila número (uno), cerca del/de la ...	
la carnicería	el quiosco	la sección de alimentación
la charcutería	la frutería	la sección de bebidas
la droguería	la panadería/pastelería	la sección de congelados
la farmacia	la pescadería	la sección de lácteos

3 ¿Dónde se venden?

Apunta la sección donde se venden los artículos 1-7.

Ejemplo
1 En la panadería.

4 En el barrio de Isabel

Escucha las conversaciones 1-6.

◆ Apunta la tienda. *Ejemplo 1* panadería

♣ ¿Dónde está exactamente? *Ejemplo* Enfrente del mercado.

12C OBJETIVO
¿Qué desea?

1 La compra

◆ ¿Qué compra Pilar? Escucha y completa la lista con la palabra correcta o con una abreviación.

Ejemplo **1** nar. / naranjas

un kilo de (...**1**...)
medio kilo de (...**2**...)
100 gramos de (...**3**...)
un litro de (...**4**...)
medio litro de (...**5**...)
una bolsa de (...**6**...)

una botella de (...**7**...)
una lata de (...**8**...)
un bote de (...**9**...)
un tubo de (...**10**...)
una caja de (...**11**...)

tisús	naranjas
tomates	vino
limonada	sardinas
bombones	queso
mermelada	leche
pasta de dientes	

♣ ¿Qué se le ha olvidado a Pilar? ¿Quién va a comprarlo: Pilar o Carmina?

2 ¿Cuál es?

Empareja las letras **a**–**k** de la foto con las frases **1**–**11**. *Ejemplo* **1 h**.

3 ¡Improbable!

Túrnate con tu pareja: **A** inventa una combinación y **B** dice probable o improbable.

Ejemplo

A una lata de tomates
B probable
una botella de tisús
¡improbable!

4 Recipientes

Inventa recipientes nuevos.

Ejemplo una tubotella

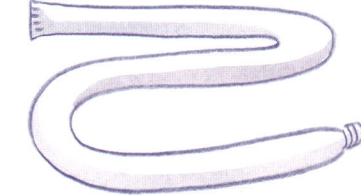

5 ¿Qué desea?

◆ Empareja la pregunta y la respuesta. *Ejemplo* ¿Qué tal? Bien.

¿Qué tal?   En total, son (390) pesetas.   ¿Qué desea?   Bien.

No, nada más.   ¿Algo más?   Quisiera ...   ¿Cuánto es?

♣ Tomás está preocupado. ¿Por qué? Escribe ✔ o ✘.

1 Pilar no está muy bien.
2 Pilar va a Madrid el día de su cumpleaños.
3 Tía Carmina está furiosa con Tomás e Isabel.
4 Pilar no puede venir a la fiesta sorpresa.

6 En la tienda

Túrnate con tu pareja. Lee la conversación de la tienda de arriba. Cambia los **productos** y las **cantidades** y el **total** en pesetas para inventar otras conversaciones.

Acción Lengua

How to … • decide when to use the two different verbs 'to be' in Spanish.

● ¿Preparados?

Pon las frases en las columnas correctas. *Ejemplo*

carácter	emoción	lugar
Isabel es simpática	¿Estás preocupado?	Teresa está en Sevilla

1 *¿Estás preocupado, Michael?*

2 *Sí. Mi mujer, Teresa, está en Sevilla.*
3 *Normalmente, mi hija Isabel es simpática*
4 *pero estoy decepcionado con ella.*
5 *Tomás no está contento...*
6 *y parece que es perezoso en el instituto.*
7 *No soy muy buen padre.*

8 *¡Que sí hombre! Eres un piloto responsable y trabajador.*
9 *¿Por qué estás aquí en Londres? Por qué no vas a Sevilla?*

● ¿Listos?

(ser)	(estar)	(to be)	ser – carácter	estar – emoción, lugar
soy	**estoy**	I am	**Soy** trabajador *I'm hard-working*	pero **estoy** harto de trabajar tanto. *but I'm fed up with working so much.*
eres	**estás**	you are	**Eres** graciosa *you're fun to be with*	pero hoy **estás** triste. ¿Qué te pasa? *but today you're sad. What's wrong?*
es	**está**	s/he is	Juan **es** perezoso. *Juan is lazy.*	¿Dónde **está**? ¡En la cama! *Where is he? In bed!*

 Gramática 17

● ¡Ya!

Carmen y su mamá hablan. Elige la palabra correcta.

Ejemplo **1** Mamá, *estoy* harta de ayudar en casa.

1 CARMEN Mamá, ¡(*soy/estoy*) harta de ayudar en casa!
2 MAMÁ Carmen, no entiendo por qué (*eres/estás*) furiosa! No tienes que hacer mucho…
3 CARMEN Tengo que recoger el cuarto de baño, la cocina, el comedor - ¡y mi hermano normalmente (*es/está*) en el salón delante de la televisión!
4 MAMÁ Tu hermano (*es/está*) cansado. Tiene que descansar. (Es/está) muy trabajador.
5 CARMEN ¿Ah sí? ¿Dónde (*es/está*) mi hermano ahora?
6 MAMÁ En la cama, probablemente. Son las once de la noche.
7 CARMEN No, Mamá, ¡(*es/está*) en la calle con sus amigos.
8 MAMÁ Ay, ¡qué disgusto! (*soy/estoy*) muy decepcionada …

Táctica Lengua

9–12

9–12

¡No encuentro la palabra!   I can't find the word!

- If you can't find a word, it may be part of a phrase. Look up one of the other words near it, for example *hasta la vista*: try looking up *vista*.

> vista *(f)*: ¡hasta la ~ !
> see you soon!

Look up these phrases. Under which letter do you find them?

¡no me digas!   **¡qué pesado eres!**   **hacer las paces**

ir de paseo   **más tarde**

Pistas   Looking for clues

- Before you read an article or letter line by line, glance down it and see how many words you recognise: ones you've met already, or ones you can guess. These are **clue-words**.

Look for clues in these articles and letters. Write down in English what you think each one is about. Make a list of the **clue-words** and compare notes with a friend.

> Casi todo el mundo asocia los colores con las emociones: el rojo es agresivo, el verde es tranquilo, el azul es frío, el marrón es aburrido, el amarillo simboliza el sol, el color rosa es 'femenino'... Pero, ¿es verdad que el color refleja el carácter de una persona? ¿O que los colores de una habitación pueden afectar a alguien?

> La tradición de la tertulia es muy antigua en Madrid. ¿Qué es la tertulia? Es una reunión de artistas, escritores, músicos o actores del teatro en un café. Se reunen para tomar un café, o una copa de algo alcohólico, y para hablar, charlar o discutir los grandes temas políticos o literarios del día. El Café Gijón, enfrente de la Biblioteca Nacional, es un lugar de mucha movida y diversión.

Tomando notas   Taking notes

- When listening, you will sometimes need to take notes, and write up your answers later.

DON'T	DO
• panic if you hear unfamiliar words	• focus on familiar words
• try to copy down everything	• jot down the 'clue words'
• try to write words in full	• write words in a skeleton form

- Develop your own system. What do you think these abbreviations in a house advertisement might be?

  cs. dob.   afuer.   coc.   com.   sal.   c. de bñ.   3 dorm.   terr.   jard.

Te toca a ti. Escucha la entrevista con Pedro y apunta información sobre:

1 la familia de Pedro   **2** la ciudad de Pontevedra   **3** las habitaciones en su piso

9-12 ¿Lectura? ¡Qué guay!

¡Hola! ¿Qué vas a hacer?

Voy a jugar al ping.

No se dice '¡jugar al ping!'. Se dice, 'jugar al ping-**pong**'.

¡Es que no tengo pareja!

¡Qué desastre!

El padre de Miguel está ocupado.
Llama a su hijo: ¡Miguel - ven!
Tienes que ir al supermercado!
Cállate y escucha bien.
Quisiera ...
Un litro de limonada
y un paquete de café
un pote de mermelada
y una caja de bolsitas de té.
Un kilo de naranjas
cien gramos de jamón
una bolsa de patatas fritas
una botella de zumo de limón

Miguel dice 'sí' pero no escucha bien
Es un joven muy despistado
En bici va al hipermercado
Pero llega a casa muy cansado

Papa - aquí tienes ...
una botella de limonada
y un kilo de limón
cien gramos de patatas fritas
y un paquete de jamón
una caja de mermelada
y un bote de café
un litro de zumo de naranja
y ¡una bolsita de té!

La cerámica de Sevilla

Se hace mucha cerámica en Sevilla – platos, jarros, tazas … Son regalos muy bonitos y populares. Hay cerámica muy cara en las tiendas turísticas en el centro, pero en el barrio de Triana, hay tiendas de cerámica más barata. El color más tradicional es azul: y en Sevilla hay 'azulejos' por todas partes.

Amor

Tú puedes abrir la puerta a mi corazón,
Tú puedes cerrar la puerta a mi soledad,
Ilusionada
Enamorada …
Esto es el amor.

Yo no puedo abrir la puerta a tu corazón,
Yo no puedo cerrar la puerta a tu soledad,
Preocupada
Decepcionada …
Esto es el amor.

La tortilla española

Ingredientes
1 cebolla
4-5 patatas
4 huevos
2 cucharadas
   de aceite
un poco de sal

Método
1 Cortar en trocitos la cebolla y las patatas.
2 Freír en una sarten con aceite.
3 Batir los huevos.
4 Añadir los huevos a la mezcla.
5 Dejar cocer durante 15 minutos.
6 Dar la vuelta a la tortilla y dejar cocer durante cinco minutos más.
7 Servir en un plato.

Proyectos ¡Qué bien!

 1 El libro de recetas

 Lee la receta para 'La tortilla española', pág.107.
Escribe tu receta preferida en español,
y añade dibujos, si quieres.

 2 ¿Puedo?

 Prepara un póster de expresiones útiles para
tu clase, y coloca en la pared. ¿Quieres más
expresiones? Pregunta a tu profe

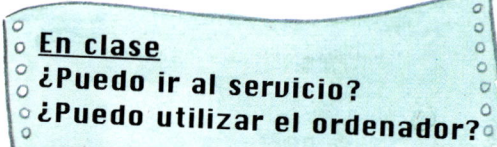

¿Cómo se dice en español ...?

Ejemplo

○ **En clase**
○ **¿Puedo ir al servicio?**
○ **¿Puedo utilizar el ordenador?**

Vocabulario útil

🇪🇸	🇬🇧
calentar	heat
colocar	place
cortar en trocitos	cut into pieces / chop
cubrir	cover
dejar cocer	leave to cook
freír	fry
poner	put
verter	pour
en una cacerola	in a saucepan
en una sarten	in a frying pan
en el horno	in the oven
durante (10) minutos	for (10) minutes

 3 Para aprender la hora

 Haz un reloj, con el vocabulario
necesario, para ayudar a aprender
la hora en clase.

Ejemplo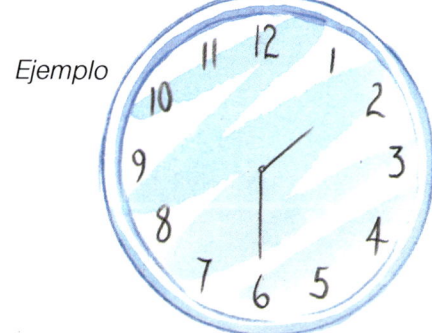

4 Pintada

Prepara una pared
de pintadas.
Explica tus emociones
y por qué.

Ejemplo

¡Estoy estresado cuando
no entiendo en la clase
de español!

¡¡¡Estoy FURIOSA
con mis padres cuando
no puedo salir el sábado
por la noche con
mis amigos!!!

Estoy deprimido
porque tengo mucho
trabajo: ¡ah-h-h-h!

estoy	(furioso/a) (triste)	cuando porque	tengo que ... no puedo ...

En el instituto

Objetivo A **¿Qué asignaturas estudias?**
Objetivo B **Hay que...**
Objetivo C **En clase**

13

El instituto de Isabel y Tomás en Sevilla

Hay una cafetería para los alumnos

Charlando en el patio

En la clase de ingés

Horario de Tomás Willoughby

¡fatal!

Me gusta el inglés

¡Bonjour!

la geografía es interesante...

lunes	martes	miércoles	jueves	viernes
inglés	geografía	lengua	geografía	deporte
ciencias	tecnología	francés	inglés	lengua
matemáticas	deporte	dibujo	tecnología	educación cívica
historia	ciencias	historia	dibujo	francés
francés	lengua	educación cívica	deporte	ciencias
lengua	matemáticas	inglés	matemáticas	tecnología

matemáticas ¡qué difícil!

¡viernes es FENOMENAL!

Tiendas

Clases

13A

OBJETIVO
¿Qué asignaturas estudias?

Tu mochila - toma. ¿Qué tienes hoy?

¿Francés?

No. Inglés.

Tengo geografía, pero no tengo historia...

Un momento, tengo dibujo.

¿Tienes matemáticas?

¿Tienes ciencias? ¿Física? ¿Química?

Hola, Pepa.

Brrrng...

Mm ...sí. Y tecnología.

No... y no tengo biología. Y no tengo música ...

Educación cívica - ¿qué es exactamente?

Es como el PSE en Gran Bretaña - religión, educación social y personal ...

¿No tienes deporte?

¡Ah, sí!

Adiós, Mamá.

Pero hoy, no hay.

¡Muchas gracias, Tomás!

1 ¿Qué tienes hoy?

◆ Mira el horario de Tomás en la página 109. ¿Qué día es?

♣ Adivina cómo se dicen estas asignaturas en inglés o utiliza el diccionario.

Ejemplo teatro = drama

teatro	latín	diseño
informática	alemán	cocina
DAO - diseño asistido por ordenador		

2 ¡Adivina el día!

Trabaja con tu pareja. Mira la agenda de Tomás. Pareja **A** describe un día, pareja **B** adivina.

A Lengua, ciencias ... ¡Lunes! **B**

¡No! deporte ... ¡Viernes!

¡Sí!

3 Mi horario

◆ Escribe las asignaturas de tu día favorito en español.

♣ Escribe tu horario para la semana. Añade dibujos o comentarios como los de Tomás.

4 ¿Qué opina Tomás?

Escucha a Tomás. Empareja la asignatura y su reacción.   *Ejemplo* **1 d**

1 la geografía
2 la lengua
3 la educación cívica
4 el inglés
5 las ciencias
6 la historia
7 las matemáticas

a Es divertido.

b El profe es antipático.

c Son difíciles.

d Es interesante.

e La profe es simpática.

f Es fácil. ⁶/₆

g Es aburrida.

5 En mi opinión

◆ Túrnate con tu pareja.   ♣ Explica tus opiniones y gustos.

A ¿Qué tal el deporte?   **B**
Es divertido.
¿Qué tal las ciencias?
Son aburridas.

A ¿Qué tal el deporte?   **B**
Es divertido. ¿Te gusta?
No me gusta porque es aburrido.
¿Qué tal las ciencias?
Son difíciles. ¿Te gustan?

el inglés, el francés (el profe)	es	divertido, fácil, interesante, (simpático)
la geografía, la historia (la profe)		aburrida, difícil, interesante, (antipática)
la**s** ciencias, la**s** matemáticas	**son**	aburrid**as**, fácil**es**, interesant**es**

6 Personalmente

◆ Escribe un poco de pintada en español.   ♣ Escribe un poema sobre tus asignaturas.

Ejemplo

Mis asignaturas
la tecnología
es interesante
¿la historia?
para mí,
es aburrida...

Ejemplo   **Mis asignaturas**

Me gusta mucho el inglés
porque me gusta el profesor.
No me gusta el francés
¡en la clase soy muy hablador!
La profe de ciencias es divertida
¡pero la clase de historia es aburrida!

Para ayudar	
aburrido/a	divertido/a
tímido/a	extrovertido/a
trabajador/a	hablador/a
profesor/a	tutor/a
simpático/a	antipático/a
gracioso/a	perezoso/a

13B OBJETIVO
Hay que ...

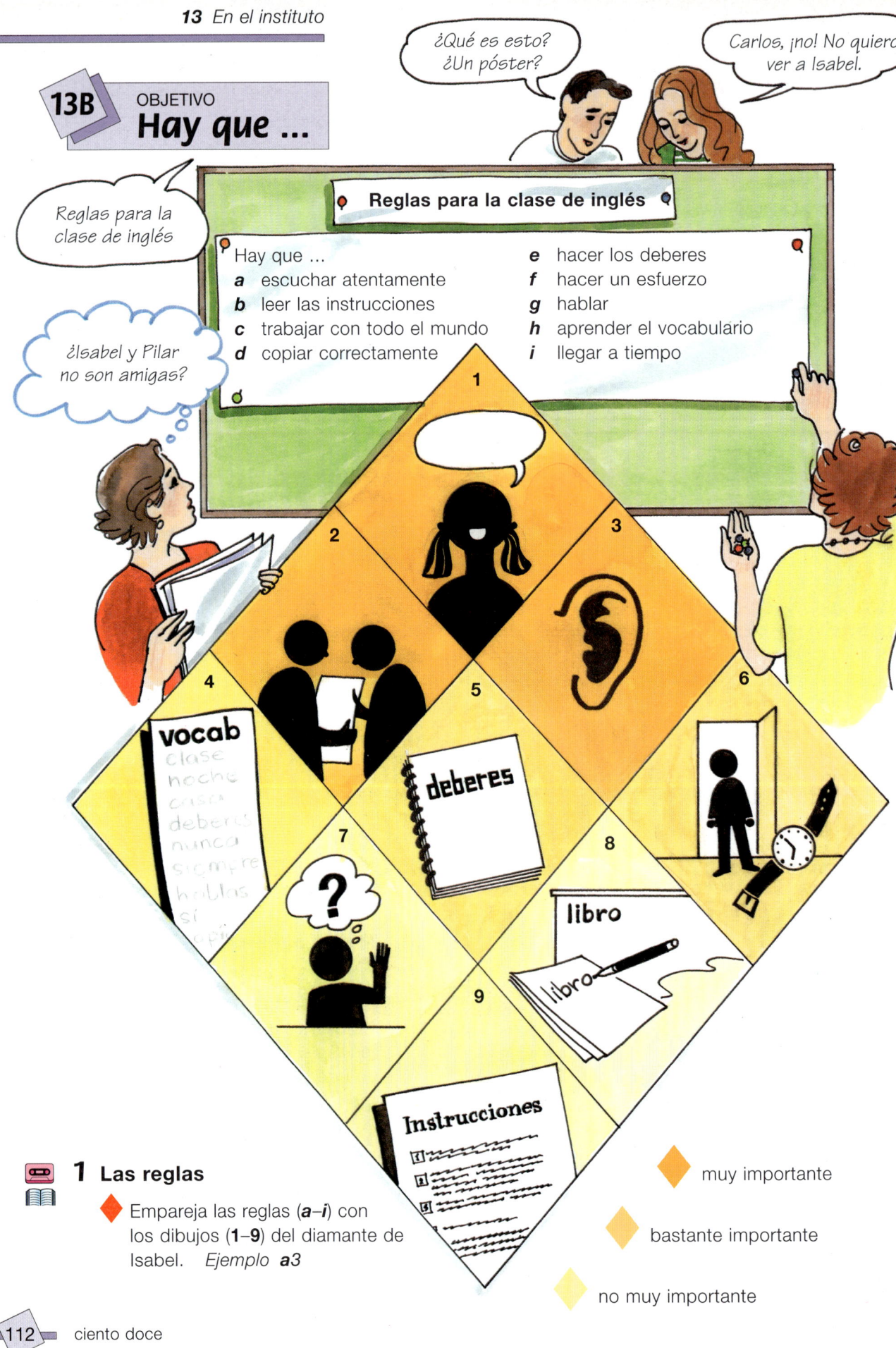

¿Qué es esto? ¿Un póster?

Carlos, ¡no! No quiero ver a Isabel.

Reglas para la clase de inglés

¿Isabel y Pilar no son amigas?

Reglas para la clase de inglés

Hay que ...

a escuchar atentamente
b leer las instrucciones
c trabajar con todo el mundo
d copiar correctamente

e hacer los deberes
f hacer un esfuerzo
g hablar
h aprender el vocabulario
i llegar a tiempo

1 Las reglas

◆ Empareja las reglas (*a*–*i*) con los dibujos (**1**–**9**) del diamante de Isabel.   *Ejemplo* **a3**

◆ muy importante

◆ bastante importante

◆ no muy importante

2 ¿Qué opinas?

◆ Mira el póster y explica a tu pareja qué opinas. ¿Es importante ...?

✔✔	Es muy importante.
✔	Es bastante importante.
✗	No es muy importante.

♣ Túrnate con tu pareja. ¿Qué opinas? Pregunta y contesta.

para mí, me parece, ¿para ti?

es divertido, aburrido, interesante, difícil, fácil, necesario, importante

(no) me gusta

3 ¿Te parece importante?

◆ ¿Qué opinan los seis jóvenes: es importante hablar inglés o no? Apunta **muy** (✔✔), **bastante** (✔) o **no** (✗)   *Ejemplo* **1** (✔✔)

♣ Apunta otros detalles.   *Ejemplo* **1** (✔✔) divertido.

4 La clase de Isabel

◆ Lee las opiniones. ¿Estás de acuerdo o no? Apunta (✔) o no (✗).   *Ejemplo* (✔)

♣ Apunta tu opinión.   *Ejemplo* Es muy importante hacer los deberes.

a *Es bastante importante hacer los deberes.*

e *Leer las instrucciones no es muy importante.*

b *Hablar inglés no es muy importante.*

f *Me parece muy importante aprender el vocabulario.*

c *No es muy importante trabajar con todo el mundo.*

g *Es muy importante hacer un esfuerzo.*

d *Para mí, es bastante importante escuchar atentamente.*

h *En mi opinión, no es muy importante copiar correctamente.*

5 Mi diamante

¿Qué es importante para ti en la clase de español?
Haz tu diamante personal, en dibujos, o en palabras.

13C OBJETIVO
En clase

¡Ah - Tomás! ... ¿No hablas conmigo?

Hablo con Pepa.

¡Como siempre!

¡Y qué! Tú no trabajas en clase ...

¡Que sí! Trabajo en casa por la noche.

¡Estudio mucho!

¿Qué estudias? ¿La televisión?

Yo no copio los deberes.

¿No copias nunca? ¡Huh!

Y yo llego a tiempo a clase.

Uh, uh - llegas tarde, Roberto. Son las ocho treinta y cinco ya ...

Esto del Walkman en el Corte Inglés... Voy al director.

---

 1 Roberto

◆ Empareja las partes de la frase correctamente. Apunta quien habla.

Ejemplo **1** Hablo con Pepa (Tomás)

1	Hablo
2	Llego
3	Trabajo
4	Estudio
5	No copio

en casa
mucho
con Pepa
los deberes
a tiempo

♣ Contesta **sí ✔ no ✘** o **no se sabe**?.

Ejemplo **1** no.

1 En clase, Roberto trabaja bien.
2 Tomás habla mucho en clase con Pepa.
3 Normalmente, Roberto llega a tiempo.
4 Pepa no estudia mucho en casa.
5 Roberto copia los deberes.

---

 2 ¿Verdad o mentira?

Haz una frase con las palabras de abajo. ¡Tu pareja dice si es **verdad** o **mentira**!

Ejemplo

 A Hablo con mi pareja en español.

B ¡Verdad! Estudio mucho en casa.

¡Mentira! ...

hablo	mucho, un poco, con mi pareja, con mi profe	en español / en inglés
trabajo	mucho, bien, un poco	en clase
estudio	mucho, bastante, un poco	en casa
copio	correctamente, los deberes	en clase / en casa
llego	a tiempo, tarde	normalmente / siempre

3 Yo

 ◆ ¿Qué tal en la clase de español? Escribe tus comentarios personales.

 ♣ Frases extra

Ejemplo Lo que pasa es que hablo en español con mi profe pero hablo en inglés con mi pareja.

En mi clase de español

Hablo un poco con mi profe en español. Trabajo bien en clase.

Hablo mucho con mi pareja en inglés.

> lo que pasa es que ...
> el problema es que ...
> pero
> no (trabajo bien en clase)
> nunca (llego tarde)

4 La entrevista

a ¡La profesora está furiosa con Roberto!
Lee la conversación y adivina lo que contesta.
Elige **a** o **b**.

Ejemplo

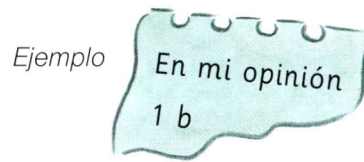

En mi opinión

1 b

1 ¡No lees las instrucciones!

   a Sí, leo las instrucciones pero no entiendo.
   b No leo muy bien; es difícil.

2 ¡Nunca aprendes el vocabulario!

   a Sí, aprendo el vocabulario pero se me olvida.
   b No aprendo el vocabulario porque hay mucho.

3 ¡Nunca escribes tus deberes en tu agenda!

   a Sí, escribo los deberes en mi agenda.
   b Es que he perdido mi agenda.

4 ¡No haces los deberes!

   a Sí, hago un poco normalmente.
   b No hago los deberes porque no me parece muy importante.

5 ¡No haces mucho esfuerzo en clase!

   a Sí, hago un esfuerzo pero el inglés es difícil.
   b ¡No hago mucho esfuerzo, porque no me gusta!

b ◆ Escucha la conversación y anota las respuestas de Roberto. ¿Tienes razón?

♣ ¿Cuál es la evaluación de Roberto – *1*, *2* o *3*?

1 Es un chico muy mal organizado. No hace los deberes en casa, y no hace mucho esfuerzo en clase.

2 Es un chico con dificultades en leer y en aprender. Hace un esfuerzo en clase pero no completa los deberes.

3 Es un chico organizado. Lee y escribe bien, aprende el vocabulario y hace mucho progreso.

5 Un poco de teatro

Con tu pareja, lee la conversación en actividad 4. **A** es el/la profe, **B** es Roberto o Roberta, y elige la respuesta **a** o **b**.

Ejemplo

 A ¡No lees las instrucciones!

No leo muy bien. ¡Es difícil! B

Acción Lengua

How to … • talk about what you and others do

● ¿Preparados?

Pon los globos en la sección correcta.

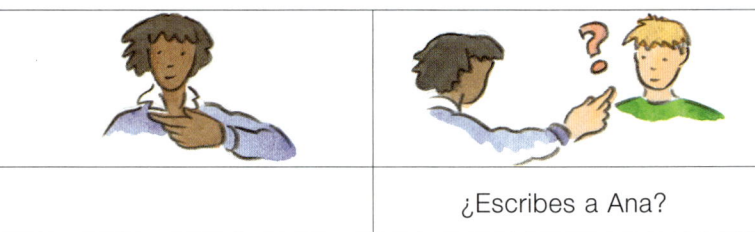

Ejemplo		¿Escribes a Ana?

No aprendo mucho.
¿Qué lees?
Yo no escribo muy bien.
¡Hablo con Martín, no contigo!
¿Copias mi trabajo?
¿Escribes a Ana?

● ¿Listos?

-ar		**-er**		**-ir**	
hablar	to speak	aprender	to learn	escribir	to write
hablo	I speak	aprendo	I learn	escribo	I write
hablas	you speak	aprendes	you learn	escribes	you write
habla	s/he speaks	aprende	s/he learns	escribe	s/he writes

Excepción	
hacer	to do, make
hago	I make

Ejemplos

hablo un poco español	**I speak** a little Spanish
¿aprendes mucho en clase?	**do you learn** much in class?
Pedro escribe muy poco	Pedro **writes** very little
no **hago** mis deberes	I don't do my homework

● ¡Ya!

En clase

Elige la palabra correcta. *Ejemplo* **1** ¡Paco! Tú **trabajas** conmigo o con Alicia?

1   ¡Paco! ¿Tú (*trabajo / trabajas*) conmigo o con Alicia?
2   Soy un poco perezosa, ¡no (*hago / hace*) mucho esfuerzo en clase!
3   ¿Por qué (*escribes / escribe*) en una hoja, Elisa, y no en el cuaderno?
4   Profesora, Marcos (*copio / copia*) mis deberes todos los días.
5   Soy muy trabajador: (*aprendo / aprendes*) el vocabulario en casa.
6   No es justo. Sara (*llegas / llega*) tarde a clase y no pasa nada.

No me siento bien...

Objetivo A **¿Qué te pasa? Me duele...**
Objetivo B **¿Qué te pasa? Tengo...**
Objetivo C **Debes...**

Si no te sientes bien, puedes ir a la farmacia.

Las farmacias tienen una cruz verde.

FARMACIAS

Farmacias en servicio de urgencia día y noche, ininterrumpidamente.

Tetuán-Fuencarral-Peña Grande y barrio del Pilar: General Cabrera, 23 (semiesquina a General Yagüe, 17) / Fermín Caballero, 51 (esquina a Ginzo de Limia) / Muller, 49 (entrada por Capitán Blanco Argibay, 30).

Universidad-Moncloa: Torre de Madrid, plaza de España, 18 / Explanada, 3 (esquina a Juan Montalvo, 24).

Chamberí: Juan de Austria, 1 (semiesquina a Luchana).

Centro-Latina: Marqués de Cubas, 16.

Las farmacias de guardia están abiertas toda la noche.

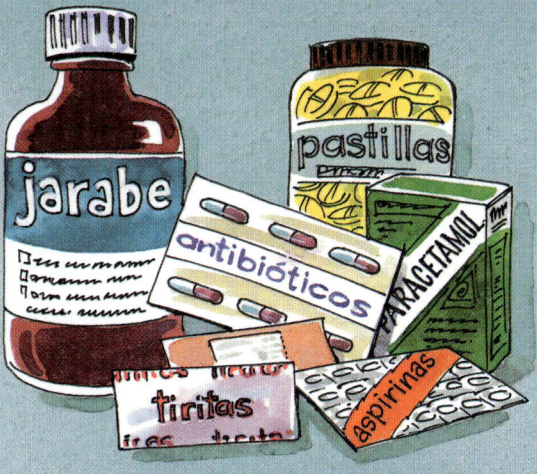

Las farmacias tienen remedios para todo.

Si tienes alergia o hipersensibilidad, es muy importante leer las contraindicaciones.

CONTRAINDICACIONES

Clamoxyl (amoxicilina) está contraindicado en pacientes con hipersensibilidad a las penicilinas o cefalosporinas, o afectos de mononucleosis infecciosa. Debe administrarse con precaución en pacientes con antecedentes de alergia fundamentalmente medicamentosa.

INTERACCIONES

Debe evitarse la administración simultánea de antibióticos bacteriostáticos (grupo tetraciclinas o cloranfenicol) por la posibilidad de que se produzca antagonismo debido a su diferente mecanismo de acción.

¿Alérgico/a o hipersensibile a la penicilina? ¡No debes tomar!

OBJETIVO

¿Qué te pasa? Me duele...

¡Feliz cumpleaños, Pilar!

¡Qué sorpresa!

¿Dónde está Isabel?

En su dormitorio.

¿Isabel? ¿Qué te pasa?

No me siento muy bien.

Me duele la cabeza

y me duele el estómago también.

¿No quieres venir a la fiesta? José Luis está aquí ...

José Luis y ano me interesa.

¿De verdad?

Sí, de verdad.

¡Ahora me duelen los oídos!

Bueno ... hasta luego.

1 No me siento bien

◆ Completa las frases y empareja con el dibujo. *Ejemplo* **1** No **me** siento muy bien: **e**.

1 No ... siento muy bien.
2 ¿Qué ... pasa?
3 Me duele el ...
4 Me duele la ...
5 Me duelen los ...

a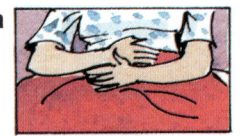
b
c
d
e

| cabeza | te | oídos |
| me | estómago | |

♣ Contesta **verdad** (✔) o **mentira** (✘). *Ejemplo* **1 verdad**.

1 Isabel no está muy bien.
2 Pilar está un poco preocupada por Isabel.
3 Isabel quiere salir con José Luis.
4 Isabel quiere hacer las paces con Pilar.
5 Pilar está muy contenta.
6 Isabel quiere ir a la fiesta.

2 El robot no funciona bien

Escucha al médico
y al robot.
¿El robot dice **mucho**,
un poco, o **no**?

Ejemplo **1** mucho

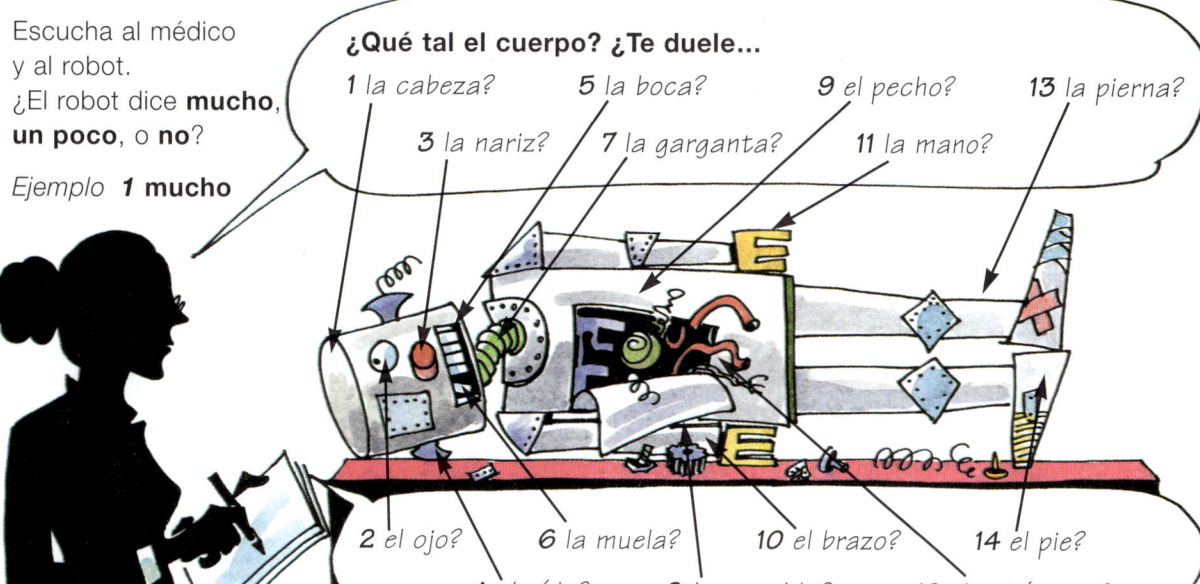

¿Qué tal el cuerpo? ¿Te duele...

1 la cabeza?   *5 la boca?*   *9 el pecho?*   *13 la pierna?*

3 la nariz?   *7 la garganta?*   *11 la mano?*

2 el ojo?   *6 la muela?*   *10 el brazo?*   *14 el pie?*

4 el oído?   *8 la espalda?*   *12 el estómago?*

3 ¿Te duele ...?

Túrnate con tu pareja.
A escribe tres partes
del cuerpo; **B** adivina.

A *¿Te duele el ojo?*   *¿Te duele la boca?*   *¿Te duele ...?*

B *¡No!*   *¡Sí!*

4 ¿Quién habla?

◆ Empareja.   *Ejemplo* **1c**
1 Me duelen los brazos.
2 Me duelen los oídos.
3 Me duelen los ojos.
4 Me duelen los pies.
5 Me duelen las piernas.

a **b** **c** **d**

e **f** **g**

♣ Escribe algo para
las dos personas
que sobran.

| me duele | el / la | me duele el pie |
| me duele**n** | los / las ... | me duelen los pies |

▶▶ Gramática 22

5 ¡Excusas!

◆ Completa las excusas.   *Ejemplo* **1** No puedo jugar al fútbol porque **me duele el pie**.

1 No puedo jugar al fútbol porque ...
2 ¿Escuchar la cinta, señor? No puedo ...
3 Hoy, no puedo ir a la piscina porque ...

4 No puedo hacer los deberes, porque ...
5 ¿Comer chocolate? ¡Uh! No, gracias ...
6 ¿Hablar en español? No puedo, es que ...

♣ Inventa tres frases más.   ◀◀ No puedo ... pág. 85.

14B OBJETIVO
¿Qué te pasa? Tengo...

Son las ocho de la mañana en la casa de Blancanieves y los siete enanitos.

¿Qué pasa aquí?

Tengo fiebre.

Tengo tos.

Tengo náuseas.

Tengo un catarro.

Tengo la fiebre del heno.

Tengo una picadura.

Tengo una ampolla.

Bueno, ¡al médico todos!

1 Al médico

¿Qué contestan los enanitos al médico? Escribe **sí** o **no**.

Ejemplo Número Dos: **sí**

d Número Uno, ¿tienes una picadura?

e ¿Tienes la fiebre del heno, número Cinco?

c ¡Número Seis!, tienes una ampolla ¿verdad?

f Mm ... ¿tienes fiebre, número Tres?

b ¿Tienes náuseas, número Cuatro?

g ¿Número Siete - tienes un catarro?

a Número Dos, ¿tienes tos?

2 ¿Qué te pasa?

◆ Túrnate con tu pareja. **A** inventa una acción, **B** adivina.

♣ Túrnate con tu pareja. **A** hace una acción y dice una frase. **B** dice ¡verdad! o ¡mentira¡

¡Tienes tos!

Sí.

tengo (tos)
¿tienes (un catarro) ?

Tengo náuseas.

¡Mentira!

Tengo un catarro.

¡Verdad!

3 Teresa

◆ ¿Quién es - Isabel o Teresa?

Ejemplo **1** Isabel

1 Le duele el estómago.
2 Le duele la cabeza.
3 Le duele la espalda.
4 Le duele la garganta.
5 Tiene náuseas.

♣ Pilar corre al dormitorio de Isabel. ¿Qué le dice? Completa el globo.

> ¡Isabel, ...! Tu mamá no ......
> muy bien. .... náuseas y le duele el .... Dice
> que le .... la espalda y la cabeza también.
> ¡Creo que es el ....!

| duelen | está | bebé | tiene | ven | estómago |

4 ¿Qué le pasa?

a ¿Y los enanitos?
A pregunta, **B** contesta.
¿Cuántas respuestas correctas en un minuto?

A

> ¿Qué le pasa al número Uno?

B

> Tiene fiebre.

> ¿Qué le pasa al número Siete?

> Tiene una ampolla.

b Completa el memo de Blancanieves.

> MEMO
> De: Blancanieves
> A: Director de las Minas
> Lo siento mucho, Señor, pero
> los siete enanitos no pueden
> trabajar hoy:
> Número 1- tiene fiebre
> Número 2- tiene

♣ Añade un poco más.

Ejemplo

> MEMO
> Número 1- tiene fiebre y le
> duele la cabeza

OBJETIVO Debes…

¿Me dejas?

¡Ay! Debes ponerte una crema, tía Teresa.

No, es que yo … debo llamar a Michael en Londres.

Mamá, debes tomar una aspirina y un poco de agua.

Tú debes descansar.

¿No debes llamar al médico?

¡Pero yo soy médica!

¡Ay perdón, es verdad!

Teresa debe ir al hospital. Pilar, llama a una ambulancia.

¡Pero yo quiero ir al hospital con Mamá!

Pilar, llama a tu tío, por favor: debe venir aquí a Sevilla.

No, Isabel, no estás bien.

Vale …

 1 La emergencia

◆ Empareja el texto español y el dibujo. *Ejemplo* **1 d**

¿Debo …

1 tomar una aspirina?
4 ir al hospital?
2 llamar al médico?
5 tomar un poco de agua?
3 ponerme una crema?
6 descansar?

a b
c d
e f

♣ ¿Qué piensan? Completa los globos con **debo**, **debes** o **debe**.

 Yo (…**1**…) llamar a Papá en Londres.

 Y yo (…**2**…) consolar a Isabel - está muy triste.

 Lo siento, Isabel, pero tú no (…**3**…) venir al hospital - no estás bien.

 Tú .(…**4**…) ir al hospital, Teresa.

 Isabel no está bien: (…**5**…) descansar.

 Papá .(…**6**…) venir aquí a España para estar con Mamá.

2 ¿Qué le duele?

Escucha a Carmina con sus pacientes jóvenes. ¿Qué les duelen? *Ejemplo* **1** las muelas.

... ir al dentista.

... ponerte una tirita

...tomar un antibiótico.

... ir a la cama

... tomar un jarabe.

... tomar unas pastillas.

3 ¡Un poco de teatro!

Túrnate con tu pareja.
A trabaja en la enfermería de tu instituto, **B** tiene problemas.

A ¿Qué te pasa?

B Me duele la cabeza.

¿Me dejas? Mm ... debes tomar una aspirina.

debes...ir (al dentista); tomar (una aspirina); ponerte (una tirita); descansar

4 Si no se mejora ...

Escucha las cinco conversaciones en la enfermería. Apunta ...

◆ ... lo que debe hacer ahora.

♣ ... si no se mejora, lo que debe hacer.

Ejemplo

debes ...
1 ponerte una crema

si no se mejora, debes ...
ir al médico

5 Michael

Michael llama a Pilar. Lee y elige la palabra correcta. *Ejemplo* **1** tal.

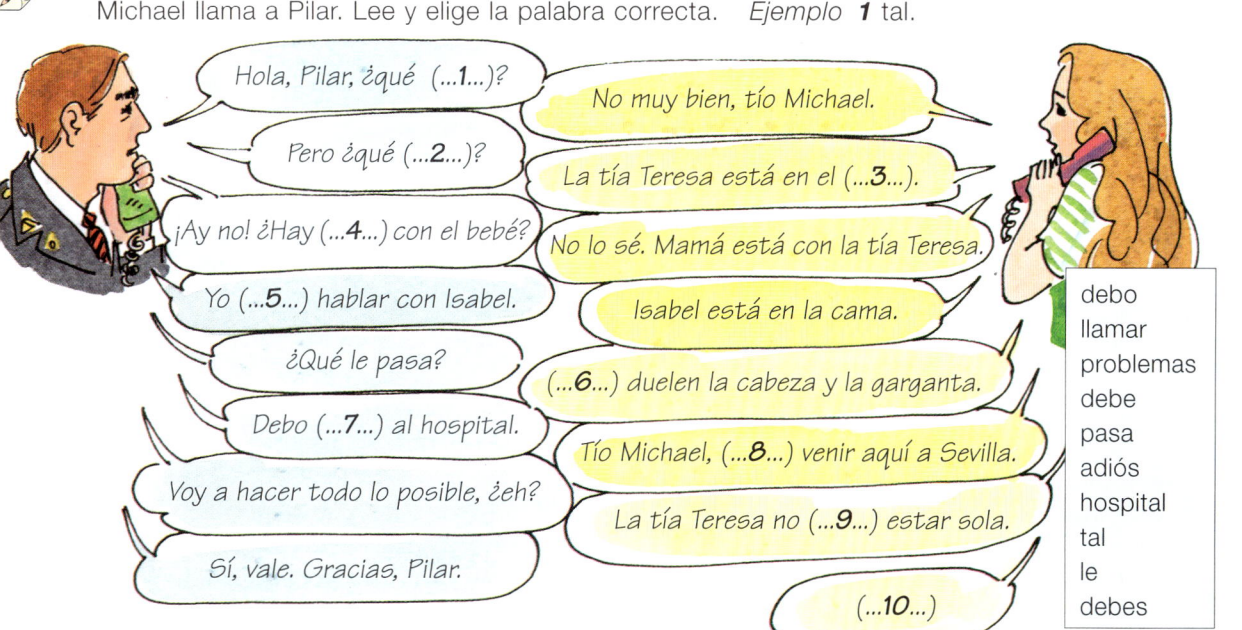

Hola, Pilar, ¿qué (...**1**...)?

No muy bien, tío Michael.

Pero ¿qué (...**2**...)?

La tía Teresa está en el (...**3**...).

¡Ay no! ¿Hay (...**4**...) con el bebé?

No lo sé. Mamá está con la tía Teresa.

Yo (...**5**...) hablar con Isabel.

Isabel está en la cama.

¿Qué le pasa?

(...**6**...) duelen la cabeza y la garganta.

Debo (...**7**...) al hospital.

Tío Michael, (...**8**...) venir aquí a Sevilla.

Voy a hacer todo lo posible, ¿eh?

La tía Teresa no (...**9**...) estar sola.

Sí, vale. Gracias, Pilar.

(...**10**...)

debo
llamar
problemas
debe
pasa
adiós
hospital
tal
le
debes

Acción Lengua

How to ... • say where it hurts

● ¿Preparados?

¿Qué dicen los enanitos? Completa los globos con **duele** o **duelen**.

Me (...**1**...) la cabeza.

No, pero me (...**3**...) las manos.

Me (...**5**...) el ojo también.

¿Te (...**2**...) las piernas?

¡A que le (...**4**...) la nariz!

Y me (...**6**...) los pies.

● ¿Listos?

me duele	el ...	me duele el brazo
te duele		¿te duele el ojo?
le duele	la ...	le duele la pierna

me duelen	los...	me duelen los brazos
te duelen		¿te duelen los ojos?
le duelen	las ...	a Dan le duelen las piernas

 Gramática 22

● ¡Ya!

◆ Empareja correctamente.   *Ejemplo* **1c**

1	Me duele...	**a**	muelas
2	¿Te duele el...?	**b**	pies
3	Le duelen las...	**c**	la boca
4	Me duelen...	**d**	espalda
5	Le duele la...	**e**	brazo
6	¿Te duelen los...?	**f**	los ojos

♣ Rellena los espacios con **me**, **te** o **le**.

El Poema de los fútbolistas
A mí, (...**1**...) duelen las piernas,
A ti, (...**2**...) duele la nariz.
A Juan, (...**3**...) duele la espalda,
y (...**4**...) duele la boca a Beatriz.
A mí, (...**5**...) duele el brazo,
A ti, (...**6**...) duele el pie:
¡Ay perdón! ¿Te pegó el fútbol?
¡No hay de qué!

Las evaluaciones

Objetivo A ¿Qué hago ahora?

Objetivo B ¿Has organizado bien tu tiempo?

Objetivo C Buenas notas o malas notas

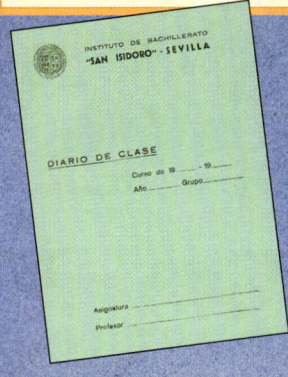

El diario de clase

Cada profe tiene un diario de clase, en el que apunta las notas y las observaciones sobre la clase: una página para cada alumno/a.

1 En los institutos españoles, existe el sistema de evaluaciones contínuas: hay exámenes tres veces al año.

2 Hay que aprobar cada evaluación - si no, tienes que hacer la evaluación otra vez ('recuperar').

3 Quiere decir que no has aprobado una evaluación.

4 Si tienes un suspenso, hay que hacer un examen en junio.

5 Si no apruebas en junio, hay que hacer el examen otra vez en septiembre.

EVALUACIONES			JUNIO	SEPTBRE.
	Rec.	Suspensos		
1ª				
2ª				
3ª				

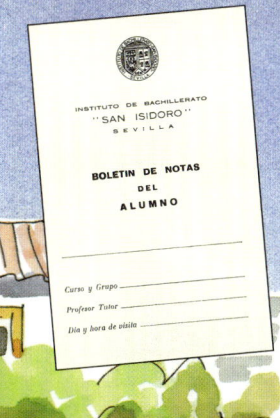

El boletín de notas

El boletín de notas es el informe que lleva el alumno a casa. ¡Es muy importante sacar buenas notas!

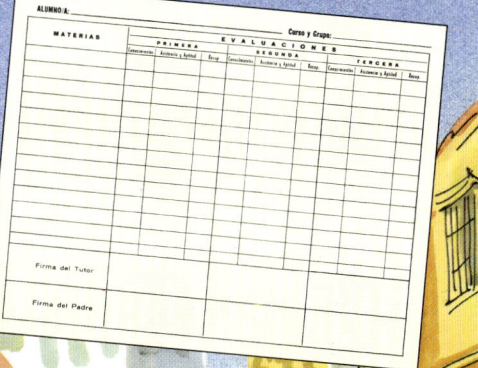

Medicina

Boletines

15A OBJETIVO
¿Qué hago ahora?

Son las ocho de la mañana. Isabel y Tomás están en casa de Carmina y Omar.

Tu mamá está bien, Isabel: debe descansar un poco, nada más ...

Pero, ¿qué pasa aquí? ¡La cocina es un desastre!

He estado en Urgencias ...

He trabajado toda la noche ...

He dejado instrucciones sobre Teresa ...

y he comprado algo para la cena.

No he terminado el papeleo ...

¡y he llegado a una pocilga!

Toma - un café.

¡Ay! Se me ha olvidado la leche.

¿Qué hago ahora?

1 ¡Qué disgusto!

◆ Completa las frases en español y empareja con el dibujo.

Ejemplo **1** Se me ha olvidado la leche: dibujo **c**

1 ¡........... olvidado la leche!
2 He .... a una pocilga.
3 .... dejado instrucciones.
4 He .... en Urgencias.
5 No he .... el papeleo.
6 He .... algo para la cena.
7 .... trabajado toda la noche.

a  **b**  **c**

d  **e**

f  **g**

 ¿Qué tal están? Describe a Omar, Isabel, Teresa y Carmina. *Ejemplo* Teresa está bien.

(Omar) está ...	bien, triste, disgustado/a, preocupado/a, cansado/a, enfadado/a

2 Problemas, problemas ...

◆ ¿Cuántos problemas puedes inventar con tu pareja? ¡Tienes cinco minutos!

A *Ya he terminado mi trabajo ...*

B

Se me ha olvidado mi cuaderno ...

ya he terminado ...	(mi trabajo, la hoja ...)
he dejado ...	(mi mochila ... en casa)
he trabajado ...	(con mi pareja ..., con mi grupo ...)
he estado ...	(con el/la profe ..., en los servicios ...)
se me ha olvidado ...	(mi boli, mi regla ...)

♣ Inventa más frases útiles.   *Ejemplo* Perdone, he llegado tarde. ¿Qué hago?

- llegar tarde
- escuchar la cinta
- trabajar con mi pareja
- copiar el vocabulario
- terminar la hoja

termin**ar**	***to** finish*
termin**ado**	*finish**ed***
he terminado	***I have** finished*

▶▶ Gramática 24

3 En la clase de inglés

◆ Lee las preguntas, escucha a Reyes y a Alberto y apunta sus respuestas.
Ejemplo

Reyes
1 muchas veces
2

Preguntas

1 ¿Has hablado en inglés con tu profe?
2 ¿Has hablado en español con tu pareja?
3 ¿Has trabajado en clase?
4 ¿Has terminado todo el trabajo?
5 ¿Se te ha olvidado algo?
6 ¿Has llegado a tiempo?

Respuestas

Siempre
Muchas veces
Normalmente
De vez en cuando
Una vez
Nunca

♣ Decide qué tipo de alumnos son: ¿perfectos? ¿buenos? ¿malos?

4 ¿Y en la clase de español?

◆ ¿Qué tal este año en tu clase de español? Túrnate con tu pareja.

A *¿Has hablado en inglés con tu profe?*

B *De vez en cuando.*

♣ **B** hace un poco de teatro:
Eres alumno perfecto o alumno terrible

A *¿Has hablado en inglés con tu profe?*

 ¡Nunca! **B**

5 Mis frases personales

◆ Haz un póster de las frases (actividad 2) en el orden más útil para ti.

Profesora, ya he terminado. ¿Qué hago ahora?

♣ Imagina lo que dice el profe a la alumna terrible. ¡Termina su globo!

 *María, no has llegado a tiempo ...*

OBJETIVO
¿Has organizado bien tu tiempo?

1 Esta semana

◆ Escucha Radio Sol y lee el cuestionario. Apunta la respuesta de Unai. *Ejemplo* **1 a**

1

1 ¿Has leído un libro o un tebeo?
   a *una vez*   **b** *dos o tres veces*
   c *todos los días*   **d** *no*

2 ¿Has salido con amigos?
   a *una vez*   **b** *dos o tres veces*
   c *todos los días*   **d** *no*

2

3

3 ¿Has dormido mucho?
   a *4-5 horas al día*   **b** *6-7 horas al día*
   c *8-9 horas al día*   **d** *más de 10 horas al día*

4 ¿Has recogido tu dormitorio?
   a *una vez*   **b** *dos o tres veces*
   c *todos los días*   **d** *no*

4

5

5 ¿Has escrito los deberes en tu agenda?
   a *dos o tres veces*   **b** *todos los días*
   c *no*   **d** *he perdido mi agenda*

6 ¿Has visto la tele?
   a *1-2 horas al día*   **b** *3-4 horas al día*
   c *más de 5 horas al día*   **d** *en mi casa no hay televisión*

6

7

7 ¿Has hecho deporte?
   a *en el polideportivo*   **b** *en el instituto*
   c *todos los días*   **d** *no*

8 ¿Has hecho los deberes?
   a *una vez*   **b** *dos o tres veces*
   c *todos los días*   **d** *no*

8

♣ ¿Qué dice el presentador?
a Eres bien organizado/a   **b** Eres normal: un poco despistado/a
c ¡Eres un desastre!

2 ¿Cómo eres tú?

Haz el cuestionario y pide la solución a tu profe.

3 ¿Santi el Santo o Pepe el Perezoso?

◆ Empareja las frases correctamente y decide quien lo dice:

¿Santi o Pepe?

Ejemplo **1** He leído tres libros.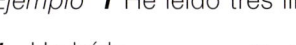

1	He leído	**a**	una hora de tele al día.
2	No he recogido	**b**	mi dormitorio.
3	No he hecho	**c**	mis deberes en mi agenda.
4	He salido	**d**	10 horas al día.
5	He visto	**e**	tres libros.
6	He dormido	**f**	los deberes.
7	He escrito	**g**	con mis amigos todos los días.

♣ Apunta tus puntos fuertes y tus puntos débiles de la semana pasada.
Ejemplo

<u>puntos fuertes</u>
He leído un libro dos veces.

<u>puntos débiles</u>
Sólo he recogido mi dormitorio dos veces.

Excepciones

recog**er**, dorm**ir**	**to** *tidy*, **to** *sleep*	escrib**ir**	(he) escr**ito**
recog**ido**, dorm**ido**	*tidi**ed***, **slept**	**ver**	(he) v**isto**
he recogido, dormido	**I have** tidied, slept	hac**er**	(he) h**echo**

▶▶ Gramática 24

4 En parejas

◆ Túrnate con tu pareja. **A** - eres presentador, **B** - eres Santi o Pepe.

♣ Añade otras expresiones.

¿Has leído un libro?
Todos los días.

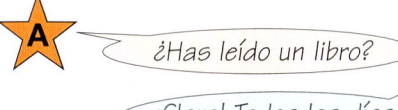
¿Has leído un libro?
¡Claro! Todos los días.

¡Ni hablar!   ¡Claro!   ¡Me estás tomando el pelo!

5 El bebé

Escucha a Isabel y a Tomás.

◆ Apunta el orden de las preguntas. ¿Tomás contesta **sí** o **no**?   *Ejemplo* **b** - **sí.**

a    **b**    **c**    **d**    **e**

♣ Contesta.
1 ¿Isabel está furiosa con Tomás?
2 ¿De quién es el fax: de Omar o de Michael?

3 ¿Quién llama por teléfono?
4 ¿El bebé es un chico o una chica?

15C OBJETIVO
Buenas notas o malas notas

Tomás - tengo aquí tu boletín de notas del instituto.

¡Ah!

Inglés: Tomás no ha trabajado mucho.

El inglés es fácil.

Ciencias: Tomás no ha escuchado las instrucciones.

El profe es aburrido.

Matemáticas: Tomás ha perdido su libro.

Y qué ...

Francés: Tomás no ha aprendido el vocabulario.

El francés es difícil...

Literatura española: no ha hecho nunca sus deberes.

No me gusta el profe.

Tu tutor dice 'Tomás ha hecho novillos varias veces'.

Bueno, he ido al centro con Pepa ...

¿Es verdad que Pepa ha robado un Walkman en el Corte Inglés?

¡No! ¡Pepa no ha robado nada!

¿Quién ha dicho esto? ¿Roberto?

Sí. Tomás, tú has sido un estúpido...

¡Y tú no eres mi padre!

 1 ¿Qué ha hecho?

◆ Lee los comentarios. ¿Qué profe es?

Ejemplo **1** profe de francés.

♣ Termina la frase de Omar.

Ejemplo

¡Tomás! Has sido desobediente ...

1 *No ha aprendido todo el vocabulario.*

2 Nunca ha hecho sus deberes, y muchas veces no tiene su agenda.

3 *No ha trabajado mucho: prefiere charlar con sus amigos.*

4 Ha tenido problemas al hacer los experimentos, porque no ha escuchado las instrucciones.

5 Muchas veces ha llegado sin su mochila y ha perdido el libro.

hablador	organizado
tímido	perezoso
desobediente	responsable
trabajador	despistado

2 Buenas notas, malas notas

Escucha y rellena los huecos.

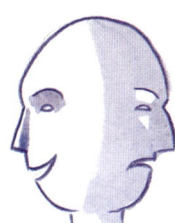

Sobresaliente (...*1*...)
Notable - buen (...*2*...)
Bien - bueno, estoy (...*3*...)
Al fin y al cabo, no está (...*4*...)

Suficiente - lo (...*5*...)
Insuficiente - ¡no (...*6*...) bien!
Muy deficiente - ¿Muy (...*7*...)?
Muy deficiente - ¡ay, (...*8*...)!

muy   mal   mínimo   esfuerzo   deficiente   excelente   fatal   contento

3 El boletín de Isabel

◆ Apunta las asignaturas y notas de Isabel.

Ejemplo inglés - sob.

♣ ¿Isabel ha sacado buenas o malas notas en general?

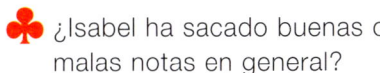

```
NOTAS DE CONOCIMIENTOS

Sob.  = Sobresaliente
Not.  = Notable
B.    = Bien
Suf.  = Suficiente
Ins.  = Insuficiente
M. D. = Muy Deficiente
```

4 Una carta de Pilar a Méjico

Lee la carta y mira las fotos.

◆ Pon las fotos en orden según la carta.   *Ejemplo* **1d** (hospital)

♣ ¿Con quién corresponde cada foto - Isabel, Michael, Pepa, Pilar, Omar, o Tomás?

Ejemplo Isabel foto **d**

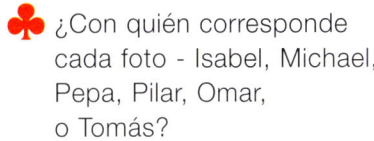

a No ha tra Insuficient Es perezo.

b IBERIA

c Observaciones: Bien organiz trabajadora y ...ado buenas

d HOSPITAL GENERAL

e   **f**

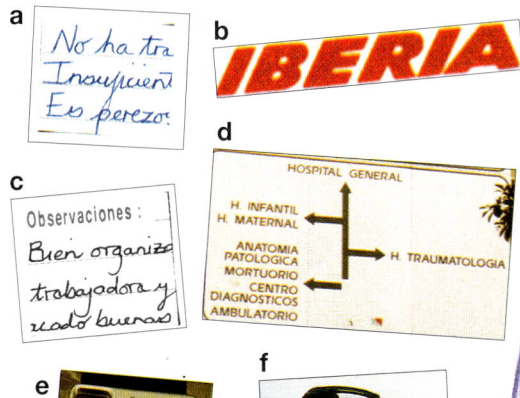

Querida Maite

¿Qué tal estás? Aquí, regular. Isabel ha ido al hospital para ver a su mamá. La tía Teresa ya ha tenido un bebé. Es un chico y se llama Dani - ¡un hermano para Tomás! Es muy mono ...
Tomás no está muy bien: no ha trabajado nada y ha sacado malas notas. Parece que su amiga Pepa ha robado un Walkman en el Corte Inglés, pero no sé si es verdad o mentira. Papá ha llamado por teléfono al padre de Tomás, Michael, en Inglaterra - pero Michael no está. Es piloto de Iberia - ¡a lo mejor está en Australia!
Estoy muy contenta porque he sacado un notable en inglés y francés y un sobresaliente en ciencias y matemáticas.
¿Tienes exámenes allí en Méjico?

Escríbeme pronto,

un abrazo, Pilar

5 Te toca a ti

Rellena un boletín para tu pareja, o un/a amigo/a.

Ejemplo Inglés: Sob: ha trabajado bien.

Acción Lengua

How to ... • talk about what you and others have done

¿Preparados?

Pon las expresiones en dos columnas.

verbos - **ar**	verbos -**er**, -**ir**
3 He escuch**ado** la radio	

1 He dormido muy bien.
2 He bebido un café.
3 He escuchado la radio.
4 He recogido mi dormitorio.

5 He salido con mis amigos.
6 He jugado al fútbol.
7 He ido al centro comercial.
8 He comprado un compact-disc.

¿Listos?

- **ar**	escuch**ar**	h**e** escuch**ado** la radio	*I have listened to the radio*
- **er**	recog**er**	h**as** recog**ido** tu cuarto	*you have tidied your room*
- **ir**	sal**ir**	h**a** sal**ido** con amigos	*s/he has gone out with friends*

Irregulares:

decir	to say	**dicho**	said	**poner**	to put	**puesto**	put
escribir	to write	**escrito**	written	**ver**	to see	**visto**	seen
hacer	to do, make	**hecho**	done, made	**volver**	to return	**vuelto**	returned

 Gramática 24

¡Ya!

Completa los globos con la parte correcta del verbo.   *Ejemplo* **1** dormir > ¿Has **dormido** bien?

¿Has ... bien?

dormir

¡Sí! ¿Quién ha ... la cocina? ¿Tú?

recoger

Sí. Isabel ha ... la mesa.

poner

Tomás ha ... la ensalada.
¿Y Pilar?

preparar

Pilar no ha ... nada.

hacer

He ... una carta a Maite en Méjico.

escribir

¡Y yo he ... una pizza!

comprar

La llegada de un bebé
es un acontecimiento
de gran emoción.
Las revistas llevan
ideas para regalos,
peluches, pañales …

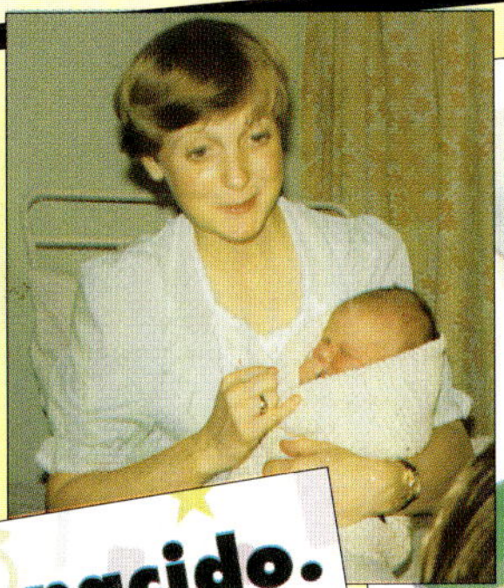

DODOTIS

DODOTIS

UNISEX

PELUCHES SURTIDOS, UNIDAD

1.595

Cuenta recién nacido.

Regalos.
Al llegar a 75.000, una silla de paseo
Al llegar a 125.000, una bañera.
Al llegar a 200.000, una cuna.

Si tienes un bebé,
¡enhorabuena! Con la
Cuenta recién nacido
de Galerías tu bebé
tiene todas las ventajas.
Le damos una tarjeta
a su nombre y cada vez
que tú o tu familia
hagáis compras
en las secciones de productos
infantiles, el valor de éstas
se acumula. Al llegar
a los niveles establecidas:
75.000, 125.000
y 200.000 ptas.
puedes obtener el regalo
que corresponda a su valor
en Dinero Galerías.
¿Qué te parece?
Un bebé muy listo.

TOALLITAS
295

DODOT
Culito Seco · Culito Sano.

ENVASE AHORRO
EMBALAGEM POUPANÇA

DODOT
RA SECO

PAÑALES DODOT,
ANDANDO 1,
64 UNIDADES
O GATEANDO,
72 UNIDADES

1.999

¡Ha nacido un bebé!

Los padres suelen
mandar una tarjeta a
sus parientes y
amigos para anunciar
el nacimiento del
bebé.

Para una
nueva Mamá

Inglaterra   Hospital
Méjico

16A OBJETIVO
¿Qué hacéis?

Mi tío Omar está furioso por lo del boletín.

Y el director está furioso por lo del Walkman - y no es verdad. No he robado nada ...

¡Problemas!

¿Qué hacemos?

Tomás, ¿por qué no vamos a Inglaterra?

¿Qué?

Para ver a tu padre. Si empezamos ahora ...

¡Pepa, no tenemos dinero!

Sí, pero mi primo Quique tiene dinero ...

¿Qué hacéis?.

¡Nada!

¿Ahora salís? Son las diez de la noche.

No es muy tarde, Isabel ...

¿A qué hora empezáis mañana?

Tenemos clase a las ocho y media.

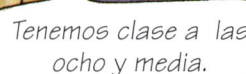

Bueno, pero ¿a qué hora volvéis?

Salimos un ratito al parque.

¿Tenéis una llave?

Gracias ... Volvemos en diez minutos.

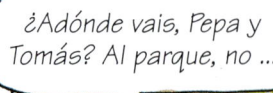

¿Adónde vais, Pepa y Tomás? Al parque, no ...

1 ¿Qué hacéis?

◆ Rellena los globos de Tomás y Pepa con la palabra correcta.

¿Qué hacéis?

¿A qué hora empezáis mañana?

¿Salís ahora?

¿Adónde vais?

¿Tenéis una llave?

¿Cuándo volvéis?

¡No (...1...) nada!

(...2...) a las ocho y media.

Sí, (...3...) un ratito.

(...4...) al parque.

Sí, (...5...) una llave.

(...6...) en diez minutos.

vamos
hacemos
tenemos
volvemos
salimos
empezamos

♣ Contesta **verdad** o **mentira**. *Ejemplo* **1** *mentira*

1 Pepa ha robado el Walkman.
2 Omar está furioso con Tomás.
3 Pepa está preocupada por lo del Walkman.

4 Isabel sospecha algo.
5 Pepa quiere ir a ver a su primo Quique.
6 Tomás está contento.

2 Entresemana

Juanjo describe la rutina en su colegio. Apunta sus respuestas.

1	¿A qué hora empezáis?	Empezamos a las ......
2	Cuántas horas de clase tenéis?	Tenemos ...... horas al día.
3	¿Hacéis muchos deberes?	Hacemos ...... horas.
4	¿Salís mucho entresemana?	Salimos ......
5	¿Adónde vais?	Vamos ......

Trabaja con tu pareja:
pregunta y contesta.

A ¿A qué hora empezáis?

B Empezamos a las nueve menos diez.

3 Por correo electrónico

◆ Lee la carta de Nancy. Pon las fotos
en orden según la carta.

Ejemplo **1e**

♣ Haz una lista de las diferencias
entre la rutina de Nancy y tu rutina.

Ejemplo No empezamos a las ocho;
empezamos a las nueve.

¡Hola, amigos! Me llamo Nancy. Vivo en
Sevilla con mis padres y mi hermana
Emma: mi madre Ann es inglesa, pero mi
padre Juan es español, así que soy
bilingüe. Vivimos aquí en el barrio de
Triana, pero volvemos a Inglaterra
durante dos meses en el verano. En
España, hablamos español y en Inglaterra
hablamos inglés - está bien, ¿no?
Me gusta mucho Sevilla - aquí todo es
más relajante.
Llegamos al instituto a las ocho y
cuarto, porque empezamos temprano a las
ocho y media. Tenemos seis horas de
clase al día. No tenemos tutoría o
asamblea todos los días, como en Gran
Bretaña - normalmente vamos directamente
a clase. No cambiamos de aula, excepto
para las clases de ciencias o deporte.
El profe pasa lista al principio de cada
clase. No escribimos en cuadernos:
tenemos carpetas y un recambio de hojas
para tomar apuntes.

La clase de inglés es muy divertida:
grabamos diálogos, escuchamos la cinta,
cantamos, leemos libros y, de vez en
cuando, preparamos un poco de teatro
o utilizamos el ordenador. En el
recreo, tomamos un refresco en la
cafetería. Jugamos al fútbol o
charlamos en el patio.
Volvemos a casa a las dos, y comemos
con la familia a las tres. Vemos un
poco la tele hasta las cinco, hacemos
los deberes y luego salimos a la calle
con los amigos. A veces vamos al cine,
alquilamos un vídeo o simplemente damos
una vuelta en el parque. De vez en
cuando, el viernes por la noche, vamos
a la discoteca. Algunas veces pasamos
el fin de semana en Matalascañas,
donde tenemos un chalé, y vamos a la
playa para tomar el sol.
¿Qué hacéis vosotros en Gran Bretaña
entresemana? ¿Cómo es la rutina allí?
¡Saludos a todos!

16B OBJETIVO
Lo siento mucho ...

Quique no está ...

Y mañana en la televisión ...

—¡Perdidos! Dos jóvenes: Pepa Varillas, española ...

y Tomás Willoughby, inglés. Viven en Sevilla, pero van camino de Inglaterra...

y no tienen dinero.

Lo siento, Pepa, pero no es posible. Voy a casa, ¿y tú?

No lo sé... Tomás, siento lo del Walkman

No importa.

Toma, Pilar.

Gracias. ¡Perdón!

No pasa nada.

Pilar - siento mucho, lo de José Luis.

Da igual. Te pido perdón, también.

¿Amigas?

¡Amigas!

¿Tomás?

¡No es Tomás!

¡Papá!

  1 Lo siento mucho

◆ Haz dos listas.

Disculpas	*Respuestas*
1 ¡Perdón!	

1	¡Perdón!	**4**	No pasa nada.
2	No importa.	**5**	Lo siento mucho.
3	Te pido perdón.	**6**	Da igual.

♣ Rellena los huecos en el resumen de la historia.

Ejemplo Tomás y Pepa **quieren** ir ...

¡Tomás y Pepa (...**1**...) ir a Inglaterra pero no (...**2**...) dinero. Los dos (...**3**...) al piso de Quique pero Quique no (...**4**...). Finalmente, Tomás (...**5**...) a casa.
En casa, Isabel y Pilar (...**6**...) en la cocina. Isabel (...**7**...) hacer las paces con Pilar, pero primero (...**8**...) que decir 'Lo siento'. A las once de la noche, (...**9**...) alguien a la puerta, pero no es Tomás. ¡(...**10**...) Michael, el padre de Isabel y Tomás!

tienen	quieren	van	está	es
tiene	llega	están	quiere	va

2 ¡No pasa nada!

Problemas y disculpas: pon las palabras en el lugar correcto, escucha y canta con tu clase.

Tu pluma, Ana, lo (...**1**...) mucho.

¡Atención - ay mi (...**2**...)!

Por lo del boli, te pido (...**3**...).

No importa, no (...**4**...) nada.

Lo siento (...**5**...) mis deberes.

¡Cuidado! La mano la tengo (...**6**...).

Por lo de la regla, te (...**7**...) perdón...

No (...**8**...), ¡da igual!

> importa pido pierna fatal siento perdón mucho pasa

3 En la calle

Lee los dos textos: utiliza un diccionario. Haz las actividades.

◆ **Lo bonito de la calle: el arte**
Para tener diversión, no es necesario ir a las salas de concierto, o al museo, o al circo - ¡en la calle, hay de todo! Grupos de músicos tocan la guitarra o el violín, hacen teatro o malabarismo.

Lo último son las estatuas humanas: pasan horas sin moverse, o cambian de posición sólo cuando los espectadores ponen monedas en el sombrero a sus pies, para decir 'gracias'. No ganan mucho dinero - lo suficiente para vivir.

Empareja las frases y los dibujos correctamente. *Ejemplo* **1e**.

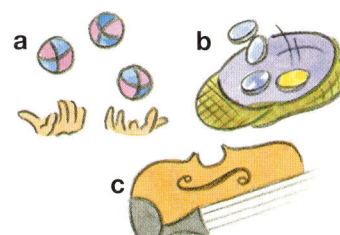

1 Tocan la guitarra.
2 Tocan el violín.
3 Hacen teatro.
4 Hacen malabarismo.
5 Una estatua humana.
6 Ponen dinero en el sombrero.

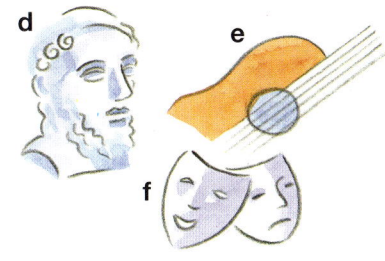

 Lo triste de la calle: la miseria
Lee el poema: el autor habla a un joven que vive en la calle.

De un joven con hogar
A un joven sin hogar...
Te pido perdón
por no escuchar tu voz,
por no mirar tu cara,
por no dejar una moneda,
Te pido perdón.

Te pido perdón
por cerrar los ojos,
por olvidar que eres humano,
por ignorar tu miseria,
Te pido perdón.

Y los jóvenes que no tienen talento artístico, ¿qué hacen? Tienen que pedir limosna.

Elige la respuesta correcta:
a, **b** o **c**.

1 El joven de la calle...
   a no tiene ni casa ni piso.
   b vive con su familia.
   c vive en un piso céntrico.

2 El joven de la calle...
   a es perezoso.
   b no puede encontrar trabajo.
   c tiene talento artístico.

3 El autor del poema...
   a está contento.
   b está furioso.
   c está triste.

16C OBJETIVO
¡Qué ilusión!

¡Michael!

Hola, Teresa ...

¿Qué te parece tu hijo?

¡Qué guapo es!

Tía Teresa - una carta para ti.

De Méjico.

Oye, Tomás, ¿me dejas la carta, por favor?

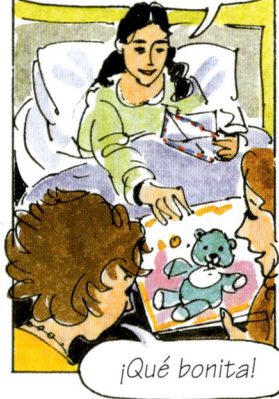

Mira, una tarjeta de mi hermana.

¡Qué bonita!

¡Qué sorpresa! ¡Una invitación a la boda de Amaya y Martín!

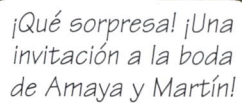

Méjico, ¡qué ilusión!

¡Qué suerte!

¿Amaya y Martín?

Amaya es la hija de mi hermana. Tiene veinte años...

1 La invitación

◆ ¿**Verdad** (✔), **mentira** (✗), o **no se sabe** (?)

Ejemplo **1** ✔.

1 El bebé es un chico.
2 Una carta de Méjico ha llegado para Tomás.
3 Contiene una invitación de boda.

4 La familia de Pilar tiene una invitación.
5 Isabel quiere ir a Méjico.
6 La hermana de Teresa se llama Amaya.

2 Las exclamaciones

a Lee las exclamaciones y escribe en dos listas:

1 ¡Qué amable!
2 ¡Qué bien!
3 ¡Qué horror!
4 ¡Qué sorpresa!
5 ¡Qué susto!
6 ¡Qué rollo!

7 ¡Qué disgusto!
8 ¡Qué ilusión!
9 ¡Qué pena!
10 ¡Qué asco!
11 ¡Qué suerte!
12 ¡Y qué!

	positivo	negativo
Ejemplo	**1** ¡Qué amable!	**3** ¡Qué horror!

b Escucha a los jóvenes. ¿Tienes razón?

3 ¿Qué?

a Escribe seis frases.

Ejemplo 1 Tengo una pluma nueva.

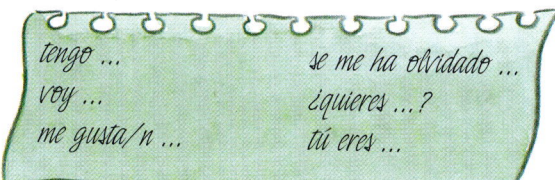

tengo ...
voy ...
me gusta/n ...
se me ha olvidado ...
¿quieres ...?
tú eres ...

b Túrnate con tu pareja: **A** explica, **B** reacciona.

A: Tengo un boli nuevo.
B: ¡Qué bien!
A: Me gustan las hamburguesas.
B: ¡Qué asco!

4 ¿Qué dicen?

Escribe una exclamación para las personas 1-5.

5 Lo mejor y lo peor

Lee las frases *1-8* y rellena los huecos con la palabra correcta.
Ejemplo 1 amigos

Lo mejor del año ha sido ...

1 conocer a ...... nuevos.
2 aprender algo de ...... Bretaña.
3 ...... otro idioma.
4 pasarlo bien en ....

Lo peor del año ha sido ...

5 sacar ...... notas.
6 ser ....
7 perder mucho ....
8 no organizarse ....

> tiempo, malas, gran, bien, clase, aprender, perezoso

6 Personalmente

Apunta lo mejor y lo peor para ti en la clase de español o el insti.

Ejemplo

lo mejor	lo peor
aprender algo de España	¡los deberes!

¿Y el futuro?

¿Te gustaría ir a Méjico, Tomás?

¿Vienes tú, Papá?

Bueno, no lo sé.

Es que depende ...

Acción Lengua

How to ... • say what we do

● ¿Preparados?

Copia y pon las frases
en la sección correcta.

Ejemplo

¿A qué hora **empezáis** mañana?

¿A qué hora **empezáis** mañana?

Empezamos a las ocho.

¿Ahora **salís**?

Salimos al parque.

¿A qué hora **volvéis**?

Volvemos en diez minutos.

● ¿Listos?

hablar	to speak
hablamos	we speak
habláis	you speak
hablan	they speak

aprender	to learn
aprendemos	we learn
aprendéis	you learn
aprenden	they learn

escribir	to write
escribimos	we write
escribís	you write
escriben	they write

Excepciones

jugar	to play
juegan	they play

tener	to have
tienen	they have

querer	to want
quieren	they want

● ¡Ya!

¡La batalla de los sexos!

 Elige la palabra correcta.

Ejemplo Yolanda y Carolina, ¿dónde **estáis**?

MAMÁ   Yolanda y Carolina, ¿dónde (*estáis* / *estamos*)?

YOLANDA ¡En tu dormitorio, Mamá!

MAMÁ   ¿Qué (*hacemos* / *hacéis*) allí?

CAROLINA (*Vemos* / *veis*) tu televisión - ¡es nuestro programa favorito!

MAMÁ   ¿Por qué no (*queremos* / *queréis*) ver la tele en el salón?

YOLANDA Miguel está allí con su amigo David.

MAMÁ   ¿Y no (*tenemos* / *tenéis*) ganas de jugar al ping-pong con ellos, o salir?

CAROLINA ¡Ni hablar! ¡Son muy pesados, los chicos!

 Cambia el verbo.

Ejemplo ¡Sí! No **quieren** salir ...

MIGUEL Las chicas son muy difíciles, ¿no te parece, David?

DAVID   Sí! No (*querer*) salir, no (*tener*) ganas de jugar al ping-pong ...

MIGUEL (*Pasar*) toda la tarde delante de la tele en el dormitorio de Mamá ...

DAVID   Y (*charlar*) todo el día - nunca (*jugar*) al fútbol ...

MIGUEL El viernes, (*salir*) a la discoteca, y (*bailar*) toda la noche.

DAVID   ... o (*ver*) la tele en casa ...

MIGUEL ¡Qué pesadas son las chicas!

Táctica Lengua

✦ Verbos

 Verbs

- If you can't find a word in the vocabulary section, it may be a verb.
- Verbs are listed with their -**ar**, -**er**, -**ir** endings but your verb may not end like this.

ends in	try looking up
- o	-**ar**, -**er**, -**ir**
- as, a, amos, aís, an, ado	-**ar**
- emos, éis	-**er**
- imos, ís	-**ir**
- es, -e, - en, -ido	-**er** and -**ir**

Find the words in bold in the vocabulary section. Note whether they end in -**ar**, -**er**, or -**ir**.

1 Dime, Paco, ¿dónde **pasáis** las vacaciones este verano?
2 En Santander en el norte. No **queremos** pasar el verano aquí.
3 ¿Tus padres **tienen** un chalé allí?
4 No. Mi madre **alquila** un piso cerca de la playa para los meses de julio y agosto.
5 ¿Tu padre **trabaja** en Santander?
6 No. Los viernes **coge** el tren de Madrid a Santander para pasar el fin de semana aquí.
7 Y tú y tus hermanos, ¿que **hacéis** todo el día?
8 De día, **tomamos** el sol y de noche **salimos** en pandilla a los clubs y a las discotecas.

✦ Errores

 Errors

- Bad mistakes happen when you don't check back and remind yourself how to say something correctly. These are mistakes you should not make.

- Good mistakes happen when you are trying to make up new things to say. These provide opportunities to learn more.

DO
1 Copy correctly – look at the Pupil's Book pages.
2 Check language patterns in the *Acción Lengua* or *Gramática* pages.
3 Look up and use words from the vocabulary section or the dictionary.
4 Ask your teachers for help with new things: they want you to learn.

Study the last four pages of your work: how many 'bad' and 'good' mistakes have you made? Write down, using points 1-4, what you need to do in future.

¡Buena suerte!

¡Adiós - hasta la vista!

¿Lectura? ¡Qué guay!

13-16

Chistes

– El doctor está ocupado. Hace un trasplante.

– Me he escapado de casa.

– Es la crisis en el Seguro de Enfermedad: faltan camas.

El año escolar ●●●●●●●●●●●●●●

Septiembre
Estuche limpio.
Cuaderno nuevo.
Agenda y horario.
Un poco nervioso.
No tengo amigos.
Me siento muy solitario.

Junio
Estuche estropeado.
Cuaderno viejo.
Boletín de evaluaciones.
Muy contento.
Con un montón de amigos.
¡Estoy listo para las vacaciones!

LAS VACACIONES EN ESPAÑA

Las vacaciones de verano son largas en España: terminamos en junio, y empezamos otra vez a mediados de septiembre.

No tenemos las vacaciones 'a mitad de trimestre', como vosotros en Gran Bretaña: pero hay dos semanas para Navidad y otras dos para Semana Santa.

Saliendo de la iglesia

Un paso

Tenemos muchos días festivos - días sueltos de vacaciones para celebrar las fiestas del pueblo o de la ciudad. Hay también 'puentes': si hay un día de fiesta el jueves, y otro día festivo el lunes, ¡no vamos a clase el viernes!

La fiesta de Semana Santa es muy importante en Sevilla, y se celebra con mucha solemnidad. Conmemoramos los últimos días de Jesu Cristo con desfiles de Nazarenos, y pasos con estatuas que van por las calles hasta la catedral.

Noche

Los faroles brillan,
Los reflejos relucen,
Los pasos resuenan,
¡Noche en la ciudad!

Los perros ladran,
Los ratones chillan,
Las cascadas
retumban,
¡Noche en el campo!

Las olas murmuran,
Las arenas tiemblan,
Las hierbas susurran,
¡Noche en la costa!

Los robots

La palabra 'robot' es la invención de Karel Capek, en 1920, para su obra dramática Rossum's Universal Robots.

1962 es la fecha del primer robot industrial, hecho en los Estados Unidos. Hoy, hay miles de robots en fábricas por todo el mundo.

El Robotender es un camarero-robot en Nueva York. Prepara bebidas y cócteles perfectamente.

En Australia, la compañía Merino Wool Harvesting ha inventado un robot capaz de esquilar una oveja en 100 segundas!

1986 : Hero 2000, es el hermano menor de Hero 1. Los dos enseñan la robótica y ... ¡los idiomas!

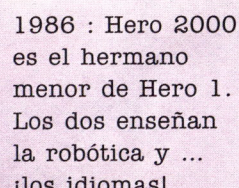

¡Hola!

La universidad de Miami ha inventado un robot que se llama Harvey. Es capaz de simular 26 enfermedades para ayudar a los estudiantes de medicina.

13-16 Proyectos ¡Qué bien!

1 ¡No me siento bien!

Haz una serie de pósters cómicos para tu clase, con el título 'No me siento bien'.

Utiliza fotos de revistas o publicidad, o dibujos de animales.

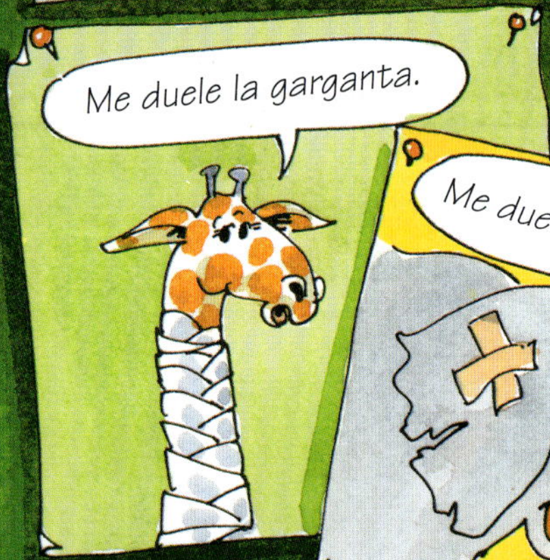

Me duele la garganta.

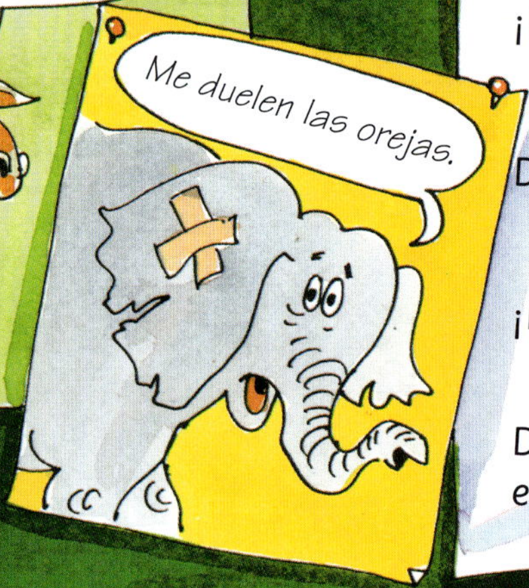

Me duelen las orejas.

2 Para pasarlo bien, debes ...

Diseña una hoja para los alumnos del año que viene. Explica lo que debes y no debes hacer en clase.

<u>Para sobrevivir ...</u>

¡Debes llegar a tiempo!

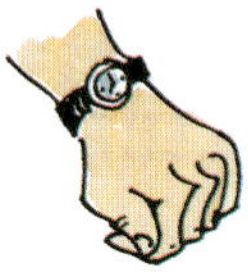

Debes hacer los deberes.

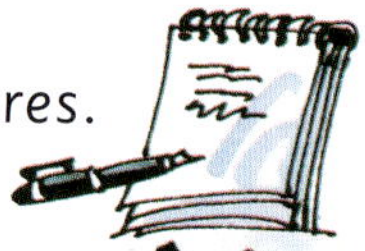

¡No debes comer chicle!

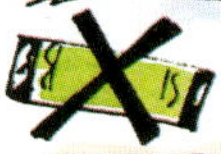

Debes hablar en español.

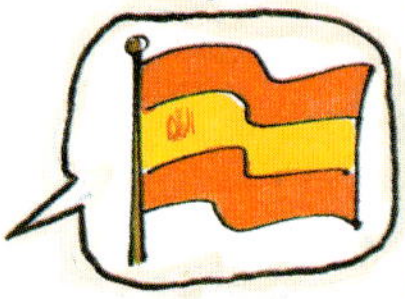

3 Ser autor ...

Escribe un librito para los alumnos menores que tú: para enseñar, por ejemplo ...

- los colores
- los días de la semana
- los meses
- las comidas y las bebidas

Inventa un personaje, si quieres.

son las doce y diez
son las dos menos diez

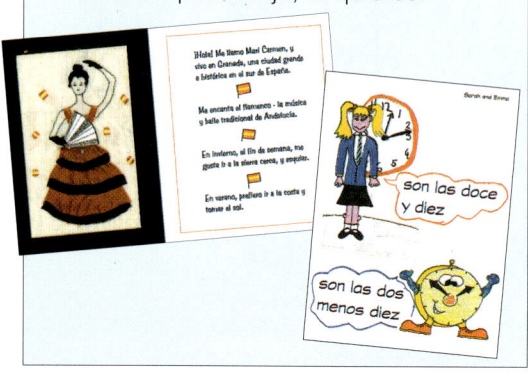

4 Una entrevista

Haz una entrevista con tu pareja y grábala en una cinta o en vídeo, para mandar a una clase en España.

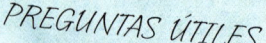

PREGUNTAS ÚTILES

¿Cómo te llamas?

¿Cuántos años tienes?

¿Dónde vives?

¿Tienes familia?

¿Qué asignaturas estudias?

¿Qué asignatura prefieres y por qué?

¿Qué has hecho este año en la clase de español?

¿Qué tal las evaluaciones? ¿Has sacado buenas notas?

¿Qué debes hacer el año que viene para mejorar?

¿Qué vas a hacer en las vacaciones de verano?

Gramática

1 Nouns

A noun is a thing, person, or place. A *biro*, a *pupil*, and a *school* are nouns.

In Spanish all nouns, whether things, people or places, are either masculine *(m)* or feminine *(f)*.

Nouns can be singular (one) or plural (more than one). A *felt-pen* is singular. *Felt-pens* are plural.

2 How to say *a*

There are two words for *a* :

(m)	**un** boli	*a biro*
(f)	**una** agenda	*a diary*

and *some*

(m)	**unos** bolis	**some** biros
(f)	**unas** agendas	**some** diaries

3 How to say *the*

There are two words for *the* in the singular:

(m)	**el** boli	**the** biro
(f)	**la** agenda	**the** diary

There are two words for *the* in the plural:

(m)	**los** bolis	**the** biros
(f)	**las** agendas	**the** diaries

4 Making nouns plural

In English we add *-s (pens)* or *-es (boxes)*. The same happens in Spanish.

Words ending in a vowel (a,e,i,o,u), add **-s**:

un mercado	dos mercad**os**
la calle	las call**es**

Words ending in a consonant, add **-es**:

un bar	dos bar**es**
el hotel	los hotel**es**

Words borrowed from English, add **-s** or **-es**:

un club	unos club**s** / club**es**
un póster	unos póster**s** / póster**es**

An accent before a final consonant disappears:

una estaci**ó**n	unas estaci**o**nes

5 How to say *of* and *from*

Of, from is **de**. If followed by **el**, it becomes **del**:

¿Está en **el** centro?	Is it in **the** centre?
Lejos **del** centro	Far away **from the** centre

6 How to say *to*

To is **a**. If followed by **el**, it becomes **al**:

¿**El** cine?	**The** cinema?
Sí, voy **al** cine	Yes, I'm going **to the** cinema

7 Singular adjectives

An adjective describes a noun: *new*, *big* and *industrial* are all adjectives. Dictionaries usually list adjectives in their masculine form.

If it ends in **-o**, change to **-a** for the feminine:

(m)	un boli roj**o**
(f)	una pluma roj**a**

Final **-r**, **-n**, **-s**, add **-a** for the feminine:

(m)	un chico trabajado**r**
(f)	una chica trabajado**ra**

(but marró**n**, mayo**r**, meno**r** stay the same)

Other final consonants, **-e** or **-a**, no change:

(m)	un boli azu**l**, un chico optimist**a**
(f)	una pluma azu**l**, una chica optimist**a**

8 Plural adjectives

Add **-s** to a vowel:

(m)	los cuadernos rojo**s**
(f)	las agendas verde**s**

Add **-es** to a consonant:

(m)	los libros azul**es**
(f)	las mesas gris**es**

9 My, your, his, her

Mi and **tu** stay the same in front of masculine and feminine nouns:

(m)	**mi** hermano **my** brother	**tu** padre **your** father
(f)	**mi** hermana **my** sister	**tu** madre **your** mother

Su can mean either *his* or *her*:

su tío **his** / **her** uncle	**su** tía **his** / **her** aunt

10 Position of adjectives

Unlike in English, most adjectives come after the noun:

una ciudad **moderna**	a **modern** town
un pueblo **antiguo**	an **old** village

11 Verbs: infinitives

A verb conveys an action: *to open*, *to have*, *to go out* are all verbs in their *infinitive* form.

Spanish has three *infinitive* forms:

habl**ar**	**to** speak
aprend**er**	**to** learn
escrib**ir**	**to** write

12 Verbs: saying who

English adds *I*, *you*, *we* to show *who*.
*I learn a lot; **you** learn fast!; **we** learn Spanish.*

Note that Spanish has different words for *you*:

tú	a person you know well, a familiar relationship	*(fam)*
usted	a person you don't know, a formal relationship	*(form)*
vosotros	people you know well, familiar relationships	*(fam pl)*
ustedes	people you don't know, formal relationships	*(fam pl)*

The complete list:

yo	*I*	**nosotros**	*we*
tú	*you (fam)*	**vosotros**	*you (fam pl)*
él	*he*	**ellos**	*they (male)*
ella	*she*	**ellas**	*they (female)*
usted	*you (form)*	**ustedes**	*you (form pl)*

13 The regular present tense

The endings on English verbs change:
I eat a packed lunch.
*He eat**s** school dinners.*
*Alison eat**s** at home.*

The endings on Spanish verbs also change:

-ar	hablar	comer	vivir
(yo)	habl**o**	com**o**	viv**o**
(tú)	habl**as**	com**es**	viv**es**
(él)	habl**a**	com**e**	viv**e**
(ella)	habl**a**	com**e**	viv**e**
(usted)	habl**a**	com**e**	viv**e**
(nosotros)	habl**amos**	com**emos**	viv**imos**
(vosotros)	habl**áis**	com**éis**	viv**ís**
(ellos)	habl**an**	com**en**	viv**en**
(ellas)	habl**an**	com**en**	viv**en**
(ustedes)	habl**an**	com**en**	viv**en**

Yo, tú etc are usually left out:

Vivo en Burton	*I live in Burton.*
¿**Hablas** español?	*Do you speak Spanish?*

But add **yo, tú** etc for emphasis:

¿Vives en York? Pues, **yo** vivo en Hull.
*Do you live in York? Well, **I** live in Hull.*

And add **yo, tú** etc to make the meaning clear:

¿Los gemelos? **Ella** no trabaja, pero **él**, sí.
*The twins? **She** doesn't work, but **he** does.*

14 Irregular present tense

Some verbs do not follow the normal pattern for **yo**:

to do, make	hacer	ha**go**	*I do, make*
to put, set	poner	pon**go**	*I put, set*
to go out	salir	sal**go**	*I go out*
to bring	traer	trai**go**	*I bring*

15 Tener

The verb **tener** *(to have)* is irregular:

(yo)	**tengo**	*I have*
(tú)	**tienes**	*you have (fam)*
(él)	**tiene**	*he has*
(ella)	**tiene**	*she has*
(usted)	**tiene**	*you have (form)*
(nosotros)	**tenemos**	*we have*
(vosotros)	**tenéis**	*you have (fam pl)*
(ellos)	**tienen**	*they have*
(ellas)	**tienen**	*they have*
(ustedes)	**tienen**	*you have (form pl)*

With **que** after it, it means *to have to*:

Tengo que recoger…	***I have to*** *tidy up…*

16 Querer / preferir

Querer *(to want)*, and **preferir** *(to prefer)* share a similar pattern:

(yo)	**quiero**	*I want*
(tú)	**quieres**	*you want (fam)*
(él)	**quiere**	*he wants*
(ella)	**quiere**	*she wants*
(usted)	**quiere**	*you want (form)*
(nosotros)	**queremos**	*we want*
(vosotros)	**queréis**	*you want (fam pl)*
(ellos)	**quieren**	*they want*
(ellas)	**quieren**	*they want*
(ustedes)	**quieren**	*you want (form pl)*

17 Ser / estar

There are two verbs *to be* – **ser** and **estar**:

(yo)	**soy**	**estoy**	*I am*
(tú)	**eres**	**estás**	*you are (fam)*
(él)	**es**	**está**	*he is*
(ella)	**es**	**está**	*she is*
(usted)	**es**	**está**	*you are (form)*
(nosotros)	**somos**	**estamos**	*we are*
(vosotros)	**sois**	**estáis**	*you are (fam pl)*
(ellos)	**son**	**están**	*they are*
(ellas)	**son**	**están**	*they are*
(ustedes)	**son**	**están**	*you are (form pl)*

Use **ser** *(to be)* for relationships and character:

Concha **es** mi hermana.	*Concha **is** my sister.*
Soy trabajador/a.	***I'm*** *hard-working.*

Use **estar** *(to be)* for feelings and saying where:

¿Dónde **está** María?	*Where **is** María?*
Estoy preocupado/a.	***I'm*** *worried.*

18 Poder / jugar

Poder *(to be able to, can)* and **jugar** *(to play)* share a similar pattern:

(yo)	**puedo**	**juego**
(tú)	**puedes**	**juegas**
(él)	**puede**	**juega**
(ella)	**puede**	**juega**
(usted)	**puede**	**juega**
(nosotros)	**podemos**	**jugamos**
(vosotros)	**podéis**	**jugáis**
(ellos)	**pueden**	**juegan**
(ellas)	**pueden**	**juegan**
(ustedes)	**pueden**	**juegan**

Examples:

| ¿**Puedo** ir al cine? | ***Can I*** go to the cinema? |
| ¿**Juegas** al fútbol? | ***Do you play*** football? |

19 Ir

Ir *(to go)* is as follows:

(yo)	**voy**	*I go*
(tú)	**vas**	*you go (fam)*
(él)	**va**	*he goes*
(ella)	**va**	*she goes*
(usted)	**va**	*you go (form)*
(nosotros)	**vamos**	*we go*
(vosotros)	**váis**	*you go (fam pl)*
(ellos)	**van**	*they go*
(ellas)	**van**	*they go*
(ustedes)	**van**	*you go (form pl)*

20 Saying what you're going to do

Use the correct part of the verb **ir** + **a** + infinitive:

| ¿Qué **vas a hacer**? | *What **are you going to do**?* |
| **Voy a salir.** | ***I'm going to go out.*** |

21 Gustar

Gustar is used to mean *like*, but really means *to be pleasing to*:

| Me **gusta** ir al cine. |
| *I like going to the cinema.* |
| *(It is pleasing to me to go to the cinema.)* |

| ¿Te **gusta** la Coca-cola? |
| *Do you like Coca-cola?* |
| *(Is Coca-cola pleasing to you?)* |

With an infinitive, it means *liking to do something*:

| Me gusta **leer** | I like reading / to read |

With singular nouns, use **gusta**; plurals, **gustan**:

singular	me **gusta el** chocolate
	me **gusta la** tortilla
plural	me **gustan los** churros
	me **gustan las** patatas fritas

22 Me, te, le

These mean *to me* (**me**); *to you* (**te**); *to him, to her* (**le**). They are used with **gustar** and **doler**. Use them to show who likes something:

me gusta	*I like (is pleasing **to me**)*
te gusta	*you like (is pleasing **to you**)*
le gusta	*he likes (is pleasing **to him**)*
	*she likes (is pleasing **to her**)*

Use them to show who is in pain:

Me duele la pierna.	*My leg hurts (**to me**).*
¿**Te** duelen los ojos?	*Do your eyes hurt? (**to you**)*
Le duele el pie.	*His foot hurts (**to him**).*
	*Her foot hurts (**to her**).*

You can add **a** + *name* to **le** to make it clearer:

| **A Juan le** gusta el café. | *Juan likes coffee.* |
| **A Ana le** duelen las manos. | *Ana's hands hurt.* |

23 Negatives

Use **no** where English uses *not / don't*:

| **No** tengo tiempo. | *I **don't** have time.* |
| **No** voy al bar. | *I'm **not** going to the bar.* |

Never is expressed with **no** ... **nunca**:

| **No** juego **nunca**. | *I **never** play.* |

If you put **nunca** in front, you don't need the **no**:

| **Nunca** juego. | *I **never** play.* |

24 The perfect tense

Use the perfect tense to say what you *have* done:
   I have spoken a lot in Spanish.
   Have you eaten churros before?
You need: part of **haber** (*to have*) and the *past participle*.
The *past participle* is formed:

(to speak)	habl**ar**	>	habl**ado**	*(spoken)*
(to eat)	com**er**	>	com**ido**	*(eaten)*
(to live)	viv**ir**	>	viv**ido**	*(lived)*

The parts of **haber** are as follows:

(yo)	**he**	
(tú)	**has**	compr**ado**
(él)	**ha**	
(ella)	**ha**	
(usted)	**ha**	com**ido**
(nosotros)	**hemos**	
(vosotros)	**habéis**	
(ellos)	**han**	viv**ido**
(ellas)	**han**	
(ustedes)	**han**	

Examples:

| **He trabajado** mucho este año. |
| ***I've worked*** hard this year. |
| ¿**Has aprendido** tu vocabulario? |
| ***Have you learnt*** your vocabulary? |
| Merche **ha vivido** en Inglaterra. |
| Merche ***has lived*** in England. |

Some verbs have irregular past participles:

(to say, tell)	**decir**	>	**dicho**	*(said)*
(to write)	**escribir**	>	**escrito**	*(written)*
(to do, make)	**hacer**	>	**hecho**	*(done, made)*
(to put, set)	**poner**	>	**puesto**	*(put)*
(to see)	**ver**	>	**visto**	*(seen)*

Examples:

| ¡No **has puesto** la mesa! |
| ***You haven't set*** the table! |
| ¡**Hemos visto** el Yeti! |
| ***We've seen*** the Yeti! |

25 Y / o

When **y** (*and*) is followed by a word beginning with **i** or **hi** (but not **hie**), it changes to **e**:

| una ciudad nueva **e** interesante |
| un pueblo antiguo **e** histórico |

When **o** (*or*) is followed by a word beginning with **o** or **ho**, it changes to **u**:

| siete **u** ocho chicos perezosos |
| ¿Hay un hostal **u** hotel por aquí? |

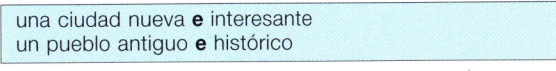

26 Los números

1	uno		11	once
2	dos		12	doce
3	tres		13	trece
4	cuatro		14	catorce
5	cinco		15	quince
6	seis		16	dieciséis
7	siete		17	diecisiete
8	ocho		18	dieciocho
9	nueve		19	diecinueve
10	diez		20	veinte

21	veintiuno		26	veintiséis
22	veintidós		27	veintisiete
23	veintitrés		28	veintiocho
24	veinticuatro		29	veintinueve
25	veinticinco		30	treinta

31	treinta y uno		60	sesenta
32	treinta y dos		70	setenta
40	cuarenta		80	ochenta
50	cincuenta		90	noventa

100	cien, ciento		500	quinientos
1000	mil		1000000	un millón
2000	dos mil		2000000	dos millones

Vocabulario Español–Inglés

Key to symbols: (*m*) masculine; (*f*) feminine; (*mpl*) masculine plural; (*fpl*) feminine plural; (*vb*) verb; (*adj*) adjective; (*fam*) familiar (*form*) formal; (*Gr*) see grammar section; ~ repeated word

A

a to
abajo down, downstairs
un abrazo (*m*): (with) best wishes
abrigo (*m*) coat
abril (*m*) April
abrir (*vb*) to open
aburrido (*adj*) boring
aceite (*m*) oil
aceituna (*f*) olive
de acuerdo agreed, OK
adiós (*m*) goodbye, bye!
adivinanza (*f*) guess
adivinar (*vb*) to guess
adonde where (to)
adosada (*adj*) semi-detached
afueras (*fpl*) suburbs
agenda (*f*) diary
agosto (*m*) August
agua (*f*) water
ahora now
aire (*m*) acondicionado
    air conditioning
ajo (*m*) garlic
al to the ... (*Gr 6*)
alemán (*m*) German
alfabeto (*m*) alphabet
alfombra (*f*) carpet
algo something
    ¿~ más? anything else?
alguien someone, somebody
alimentación (*f*) food
aliño (*m*) dressing, garnish
alioli (*m*) garlic and oil sauce
alquilar (*vb*) to hire
allí (over) there
almacenes (*mpl*): grandes ~
    department store
alpinismo (*m*) climbing
alumno (*m*); alumna (*f*) pupil
amable (*adj*) kind, friendly
amigo (*m*); amiga (*f*) friend
ampolla (*f*) blister
amueblado (*adj*) furnished
andando on foot
animado (*adj*) lively

antiguo (*adj*) old, ancient
antipático (*adj*) unfriendly
anuncio (*m*) advertisement
año (*m*) year
años (*mpl*): tengo 14 ~
    I'm 14 years old
apagar (*vb*) to switch off
apartamento (*m*) apartment, flat
apellido (*m*) surname
apuntar (*vb*) to jot down, note
apuntes (*mpl*) notes
aquí here
árbol (*m*) tree
armario (*m*) wardrobe
arriba up, upstairs
asamblea (*f*) assembly
¡qué asco! (*m*) how disgusting!
aseo (*m*) toilet
así like that
asignatura (*f*) (school) subject
aspiradora (*f*) vacuum cleaner
    pasar la ~ to vacuum
aula (*f*) classroom
autobús (*m*) bus
ayudar (*vb*) to help
azul (*adj*) blue

B

bailar (*vb*) to dance
balcón (*m*) balcony
balón (*m*) ball
barato (*adj*) cheap
barco (*m*) boat
barra (*f*) (de pan) loaf (of bread)
barrio (*m*) district
bastante quite, fairly, rather
basura (*f*) rubbish
batido (*m*) milkshake
bebé (*m*), (*f*) baby
beber (*vb*) to drink
    se bebe you drink it
bebida (*f*) drink
besos (*mpl*) love from ...
bici (*f*): ir de paseo en ~
    to go for a bike ride
bien well, fine, OK

bilingüe (*adj*) bilingual
billete (*m*) bank note
blanco (*adj*) white
bloque (*m*) block (of flats)
boca (*f*) mouth
bocadillo (*m*) sandwich
boda (*f*) wedding
bolera (*f*) bowling alley
boletín (*m*) (school) report
boli (*m*), bolígrafo (*m*) biro, pen
bolsa (*f*) bag
bombones (*mpl*) sweets
bonito (*adj*) pretty, nice
boquerones (*mpl*) anchovies
borrador (*m*) board rubber
bote (*m*) can, jar
botella (*f*) bottle
brazo (*m*) arm
brújula (*f*) compass
bueno (*adj*) good:
    lo~ the good thing
bufanda (*f*) scarf
buscar (*vb*) to look for
butaca (*f*) armchair

C

cabeza (*f*) head
cada (*adj*) each, every
café (*m*) coffee
    ~ solo black coffee
cafetería (*f*) café
caja (*f*) box
calamares (*mpl*) squid
calculadora (*f*) calculator
calefacción (*f*) heating
caliente (*adj*) hot
callado (*adj*) quiet, reserved
calle (*f*) street
cama (*f*) bed
camarera (*f*) waitress
camarero (*m*) waiter
cambiar (*vb*) to change
cambio (*m*) (loose) change
caminos (*mpl*) pathways
camiseta (*f*) T-shirt
campo (*m*) countryside

canción (f) song
cansado (adj) tired
cantar (vb) to sing
cara (f) face
carne (f) meat
carnicería (f) butcher's (shop)
caro (adj) dear, expensive
carpeta (f) folder
carta (f) letter
casa (f) house, home
castillo (m) castle
catarro (m) cold
cebolla (f) onion
cena (f) dinner, evening meal
cenar fuera to eat out
céntrico (adj) central
centro (m) centre
cerámica (f) pottery, ceramics
cerca de near
cerdo (m) pork
cereales (mpl) cereals
cerrar (vb) to close
chalé (m), chalet (m)
    detached house, villa
charcutería (f) delicatessen
charlar (vb) to chat, talk
chico (m); chica (f) boy; girl
me chifla ... I'm mad about ...
chorizo (m) spicy sausage
churros (mpl) 'doughnuts'
ciencias (fpl) science(s)
¡cierra! (vb) close!
cifra (f) figure, number
cine (m) cinema
cinta (f) (cassette/video) tape
cinturón (m) belt
ciudad (f) town, city
¡claro! of course!
cliente (m), (f) customer
clip (m) paper clip
cocina (f) kitchen
coger (vb) to take
colegio (m) school
color (m) colour
comedor (m) dining room
comer (vb) to eat
    se come ... you eat it ...
comercial (adj): centro ~
    shopping centre
comida (f) lunch, meal, food
como as, like
¿cómo? what ... like? how?
compartir (vb) to share
compás (m) compasses
comprar (vb) to buy
con with
congelado (adj) frozen
conmigo with me
conocer (vb) to (get to) know
conserjería (f) porter's office
contento (adj) happy, pleased
contestar (vb) to answer
contigo with you
contrario (m) opposite
copiar (vb) to copy
corazón (m) heart
coronilla (f): estar hasta la ~
    to be utterly fed up
correr (vb) to run
corresponsal (m) (f) penfriend
cortar (vb) to cut
costa (f) coast
crema (f) (skin) cream

creer (vb) to think, believe
cuaderno (m) exercise book
cuadriculado (adj) squared
cuadro (m) grid, table
¿cuál? which? what?
cuando when
¿cuándo? when?
¿cuánto? how much?
¿cuántos? how many?
cuarto (m) room
cuarto de baño (m) bathroom
cubierta (f) (book) cover
cuenta (f) bill
cuerpo (m) body
cuesta (vb) costs: ¿cuánto ~ ?
    how much is it?
cueva (f) cave
¡cuidado! careful!
cumpleaños (m) birthday

D

DAO (Diseño Asistido por
    Ordenador) CAD (Computer
    Assisted Design)
dar (vb) to give
de of, from
debajo de under, below
deber (vb) to have to
deberes (mpl) homework
decepcionado (adj) disappointed
decidir (vb) to decide
decir (vb) to say
dedo (m) finger
¿me dejas ... ? can I borrow ... ?
del of the..., from the ... (Gr 5)
delante de in front of
delicioso (adj) delicious
demasiado too, too much
dentista (m), (f) dentist
depende it depends
dependiente (m), (f)
    shop assistant
deporte (m) sport
deprimido (adj) depressed
a la derecha (f) on the right
desastre (m) disaster
    ¡eres un ~ ! you're hopeless!
descafeinado (adj) decaffeinated
descansar (vb) to rest
describir (vb) to describe
descuidado (adj) scruffy
desear (vb) to want, wish
despistado (adj)
    absent-minded
después then, next
desván (m) loft, attic
detrás de behind
¡di! tell! say!
día (m) day
diario (adj) daily
dibujar (vb) to draw
dibujo (m) drawing
diccionario (m) dictionary
dicho (vb) said (Gr 24)
diciembre (m) December
diente (m) tooth
difícil (adj) difficult
dígame what can I get you?
digas: ¡no me ~ ! you don't say!
dime tell me
directamente straight, directly
director (m) headmaster

disco (m) record
disculpa (f) excuse
diseño (m) design
disgustado (adj) upset
¡qué disgusto! how awful!
diversión (f): hay mucha ~
    there's lots to do
divertido (adj) fun, amusing
dividir (vb) to divide
divorciado (adj) divorced
domingo (m) Sunday
donde where
¿dónde? where?
dormido (vb) slept (Gr 24)
dormir (vb) to sleep
dormitorio (m) bedroom
droguería (f) chemist's
    (but not for medicines)
me duele ... ... hurts me, is sore
    (Gr 22)
durante for, during
duro (m) five peseta coin

E

e and (Gr 25)
edad (f) age
educación (f) cívica
    social education
egoísta (adj) selfish, egotistical
ejemplo (m) example
el the
él he
elegir (vb) to choose, select
ella she
ellos (mpl); ellas (fpl) they
empezar (vb) to start, begin
en in, on
enanito (m) dwarf
me encanta ... I love, really like...
encantado (adj) pleased to
    meet you
¡enciende! (vb) switch on
encima de above, over
encuesta (f) survey
enero (m) January
enfadado (adj) angry, annoyed
enfermería (f) medical room
enfrente de opposite
enorme (adj) huge, enormous
ensalada (f) salad
entender (vb) to understand
entonces then, next; so
entrada (f) entrance; hall
entrar (vb) to go in, enter
entre between
entresemana (f) during the week
entrevista (f) interview
equipo (m) team
equitación (f) horse-riding
eres (vb) you are (Gr 17)
es he/she/it is (Gr 17)
escaleras (fpl) stairs
escena (f) scene
escríbeme (vb) write to me
escribir (vb) to write
escrito (vb) written (Gr 24)
escuchar (vb) to listen
esfuerzo (m) effort
espacio (m) space
espalda (f) back
España (f) Spain
español (adj) Spanish
esperar (vb) to wait

esquí (*m*) skiing
esquina (*f*) corner (of street)
esta (*adj*) (*f*) this
está (*vb*) he, she, it is (*Gr 17*)
estación (*f*) season
estadio (*m*) de fútbol
  football stadium
estado (*vb*) been (*Gr 24*)
están (*vb*) they are (*Gr 17*)
estantería (*f*) bookcase
estar (*vb*) to be (*Gr 17*)
estas (*adj*) (*fpl*) these
estás (*vb*) you are (*Gr 17*)
este (*m*) east
este (*adj*) (*m*) this
esto this
estómago (*m*) tummy, stomach
estos (*adj*) (*mpl*) these
estoy (*vb*) I am (*Gr 17*)
¡a estrenar! has to be seen!
estresado (*adj*) stressed-out
estuche (*m*) pencil case
estudiante (*m*) (*f*) student
estudiar (*vb*) to study
estupendo (*adj*) great, wonderful
estúpido (*adj*) stupid
evaluación (*f*) assessment, test
examen (*m*) exam
exposición (*f*) exhibition
extrovertido (*adj*) outgoing,
  extrovert

F

fácil (*adj*) easy
faltar (*vb*) to be missing
famoso (*adj*) famous
farmacia (*f*) chemist's
me fastidia (*vb*) it annoys me
fatal (*adj*) awful, dreadful
por favor please
favorito (*adj*) favourite
febrero (*m*) February
fecha (*f*) date
feliz (*adj*) happy
fenomenal (*adj*) great, terrific
feo (*adj*) ugly
ficha (*f*) form
fiebre (*f*) fever, temperature:
  ~ del heno hay fever
fiesta (*f*) party
fila (*f*) row, aisle
filete (*m*) fillet (steak)
fin (*m*) end
al final (*m*) at the end
finca (*f*) farm
física (*f*) physics
flaco (*adj*) weak
foto (*f*) photo
francés (*adj*) French
frase (*f*) sentence, phrase
frío (*adj*) cold
frito (*adj*) fried
fruta (*f*) fruit
frutería (*f*) fruit shop
fuerte (*adj*) strong
no funciona (it) doesn't work
furioso (*adj*) furious

G

Gales (*m*) Wales
ganar (*vb*) to win: to earn
ganas (*fpl*): tener ~ de ...
  to feel like

garaje (*m*) garage
garganta (*f*) throat
gas (*m*): con ~ fizzy
gazpacho (*m*) Andalusian cold
  tomato soup
gemelo (*m*) gemela (*f*) twin
generoso (*adj*) generous
gente (*f*) people
globo (*m*) bubble; balloon
goma (*f*) rubber, eraser
grabar (*vb*) to record
gracias (*fpl*) thank you
gracioso (*adj*) funny
gramos (*mpl*) grams
grande (*adj*) big, large, tall
granizado (*m*) crushed iced drink
me gusta(n) ... I like... (*Gr 21*)

H

ha (*vb*) he/she has ... (*Gr 24*)
habitación (*f*) (bed)room
hablador (*adj*) talkative, chatty
hablado (*vb*) spoken (*Gr 24*)
hablar (*vb*) to speak
¡ni hablar! no way!
hacer (*vb*) to do, make
harto (*adj*) fed up
has (*vb*) you have ... (*Gr 24*)
hasta until
hay (*vb*) there is / there are
¡haz! (*vb*) do! make!
he (*vb*) I have ... (*Gr 24*)
hecho (*vb*) done (*Gr 24*)
hermana (*f*) sister
hermanastra (*f*) stepsister
hermanastro (*m*) stepbrother
hermano (*m*) brother
hielo (*m*) ice
hija (*f*) daughter
  ~ única only daughter
hijo (*m*) son; ~ único only son
histórico (*adj*) historic
hoja (*f*) de actividades worksheet
¡hola! hello!
hombre (*m*) man
honesto (*adj*) honest
hora (*f*) hour; time
  ¿qué ~ es? what time is it?
horario (*m*) timetable
¡qué horror! how dreadful!
hoy today
hueco (*m*) gap
huevo (*m*) egg

I

¡ni idea! no idea!
idioma (*m*) language
ido (*vb*) gone (*Gr 24*)
ídolo (*m*) idol
iglesia (*f*) church
igual (*adj*) equal
¡qué ilusión! how exciting!
ilusionado (*adj*) excited
¡no importa! it doesn't matter!
informática (*f*) IT
Inglaterra (*f*) England
inglés (*adj*) English
instituto (*m*) (secondary) school
  al insti to school (*fam*)
intentar (*vb*) to try
me interesa (*vb*) ... I'm interested
  in ...

interesante (*adj*) interesting
invierno (*m*) winter
inyección (*f*) injection
ir (*vb*) to go (*Gr 19*)
a la izquierda (*f*) on the left

J

jamón (*m*) ham
jardín (*m*) garden
joven (*adj*) young
juego (*m*) game
jueves (*m*) Thursday
jugado (*vb*) played (*Gr 24*)
jugar (*vb*) to play
julio (*m*) July
junio (*m*) June
junto a next to, near
justo (*adj*) fair, just

K

kilómetro (*m*) kilometre

L

la the (*Gr 3*)
al lado de beside
lámpara (*f*) lamp
lápiz (*m*) pencil
largo (*adj*) long
las (*fpl*) the (*Gr 3*)
¡que lástima! (*f*) what a pity!
lata (*f*) tin
lavadero (*m*) utility room
lavar (*vb*) to wash
leche (*f*) milk
leer (*vb*) to read
leído (*vb*) read (*Gr 24*)
lejos de far (away) from
lengua (*f*) language
letra (*f*) letter (of the alphabet)
libre (*adj*) free
libro (*m*) book
lila (*adj*) lilac
limón (*m*) lemon
limonada (*f*) lemonade
limpio (*adj*) clean
lista (*f*) (school) register
  pasar ~ to take the register
listo (*adj*) ready
llamar (*vb*) to call
  me llamo ... my name is ...;
  se llama ... his/her name is ...
llave (*f*) key
llegado (*vb*) arrived (*Gr 24*)
llegar (*vb*) to arrive
llenar (*vb*) to fill (in)
lo de ... that business about ...
lo que ... what ...
lógico (*adj*) logical
Londres London
los (*mpl*) the (*Gr 3*)
lotería (*f*) lottery
luego then, next
lugar (*m*) place
lunes (*m*) Monday
luz (*f*) light

M

madrastra (*f*) stepmother
madre (*f*) mother
mal bad, badly
malo (*adj*) bad
  lo ~ the bad thing

mano (*f*) hand
manzana (*f*) apple
mañana (*f*) morning
    por la ~ in the morning
mañana tomorrow
marrón (*adj*) (chestnut) brown
martes (*m*) Tuesday
marzo (*m*) March
más more
mayo (*m*) May
mayonesa (*f*) mayonnaise
mayoría (*f*) most, majority
me to me (*Gr 22*)
media (*f*) half: las tres y ~
    half past three
medicina (*f*) medicine
médico (*m*); médica (*f*) doctor
medio (*adj*) half
mejor (*adj*) better; best
    lo ~ the best thing
mejorar(se) (*vb*) to improve
menos to (time): las nueve
  ~ cuarto a quarter to nine
mercadillo (*m*) fleamarket
mercado (*m*) market
mermelada (*f*) jam
mes (*m*) month
mesa (*f*) table
mesilla (*f*) de noche
    bedside table
mi; mis my (*Gr 9*)
mí: para ~ for me
miércoles (*m*) Wednesday
mirar (*vb*) to look at
mismo (*adj*) same
mochila (*f*) rucksack
moneda (*f*) coin
mono (*adj*) lovely, cute
un montón (*m*) de loads of
moto (*f*) motorbike
movida (*f*): hay mucha ~
    there's lots going on
mucho (*adj*) a lot of; much
muchos (*adj*) (*pl*) many, lots of
muebles (*mpl*) furniture
muela (*f*) tooth, molar
mundo (*m*) world
    todo el ~ everybody
muy (*adj*) very

N

nacimiento (*m*) birth
nada nothing
¡de nada! you're welcome!
naranja (*f*) orange
nariz (*f*) nose
natación (*f*) swimming
náuseas (*fpl*): tengo ~ I feel sick
necesario (*adj*) necessary
necesitar (*vb*) to need
negro (*adj*) black
ni ... ni ... neither ... nor ...
niño (*m*); niña (*f*) boy; girl
no no; not
noche (*f*) night; por la ~ at night
nombre (*m*) (first) name
noreste (*m*) north-east
noroeste (*m*) north-west
norte (*m*) north
notable (*adj*) very good
notas (*f*) marks
noviembre (*m*) November

novillos (*mpl*): hacer ~
    to play truant
nuevo (*adj*) new
número (*m*) number
nunca never

O

o or (*Gr 25*)
ocasión (*f*) bargain
octubre (*m*) October
oeste (*m*) west
oficina (*f*) office
oído (*m*) (inner) ear
¡oiga! hey! listen! (*form*)
ojo (*m*) eye
¡ojo! beware! look out!
olvidar (*vb*) to forget
olvidado (*vb*): se me ha ~
    I've forgotten
¿qué opinas? (*vb*) what do you think?
ordenador (*m*) computer
otro (*adj*) other, another
¡oye! hey! listen! (*fam*)

P

paces (*fpl*): hacer las ~
    to make peace
paciente (*m*), (*f*) patient
padrastro (*m*) stepfather
padre (*m*) father
padres (*mpl*) parents
página (*f*) page
país (*m*) country
pájaro (*m*) bird
palabra (*f*) word
pan (*m*) bread
en pandilla in a group
papeleo (*m*) paperwork
paquete (*m*) packet
para for
paraguas (*m*) umbrella
me parece I think; ¿qué te ~?
    what do you think?
pareja (*f*) partner
parque (*m*) park; ~ de
    atracciones theme park
parte (*f*) part
partido (*m*) match
pasa: ¿qué te ~? what's wrong?
lo pasamos bien we have a good
    time
pasar (*vb*) to spend
paseo (*m*): ir de ~
    to go for a walk
paso (*m*) float
pasta (*f*) de dientes toothpaste
pastel (*m*) cake
pastelería (*f*) cake shop
pastilla (*f*) tablet
patatas fritas (*fpl*) crisps; chips
patio (*m*) playground
pecho (*m*) chest
pedir (*vb*) to ask for, order
pegar (*vb*) to stick
pegatina (*f*) sticker
peligro (*m*) danger
pelo (*m*) hair
¡que pena! what a pity!
pensar (*vb*) to think
peor (*adj*) worse, worst
    lo ~ the worst thing
pequeño (*adj*) small

perdón (*m*): te pido ~
    forgive me, I'm sorry
perdonar (*vb*) to excuse
perezoso (*adj*) lazy
periódico (*m*) newspaper
perrito (*m*) caliente hot dog
personaje (*m*) character
¡qué pesado (*adj*) eres!
    what a pain you are!
pesca (*f*) fishing
pescadería (*f*) fishmonger's
pescado (*m*) fish
pesimista (*adj*) pessimistic
picadura (*f*) sting, insect bite
picante (*adj*) spicy
pie (*m*) foot
pierna (*f*) leg
pimiento (*m*) pepper
pinchito (*m*) small bar snack
pintada (*f*) graffiti
pintado (*vb*) painted
pintoresco (*adj*) picturesque
piragüismo (*m*) canoeing
piscina (*f*) swimming pool
piso (*m*) flat
pista (*f*) de hielo ice rink
pisto (*m*) vegetable dish
pizarra (*f*) board
planchar (*vb*) to iron
plano (*m*) map, plan
planta (*f*) baja ground floor
plato (*m*) dish; plate
playa (*f*) beach
pluma (*f*) fountain pen
pocilga (*f*) pigsty
un poco a little
polideportivo (*m*) sports centre
polvo (*m*) dust
¡pon! (*vb*) put!
poner (*vb*) to put
por for, by; times (maths)
¿por qué? why?
porche (*m*) porch
porque because
postal (*f*) postcard
practicar (*vb*) to practise
precioso (*adj*) beautiful, pretty
prefiero (*vb*) I prefer (*Gr 16*)
preguntar (*vb*) to ask
pregunta (*f*) question
preocupado (*adj*) worried
presentar (*vb*) to introduce
primavera (*f*) spring
primero (*adj*) first
primo (*m*); prima (*f*) cousin
probar (*vb*) to taste, try
productos (*m*) lácteos
    dairy produce
profesor (*m*); profesora (*f*);
    profe (*fam*) teacher
progresos (*m*) progress
pronto soon
proyector (*m*) projector
publicidad (*f*) advertising
pueblo (*m*) village, small town
puedo (*vb*) I can (*Gr 18*)
puerta (*f*) door
puerto (*m*) port, harbour
pues ... well ... er ...
puesto (*vb*) put (*Gr 24*)
puesto (*m*) market stall
punto (*m*) point
pupitre (*m*) (school) desk

Q

que that, which, who
¿qué? what?
quehaceres (*mpl*) chores
queja (*f*) complaint
querido (*adj*) dear
queso (*m*) cheese
¿quién? who?
quiero (*vb*) I want (*Gr 16*)
química (*f*) chemistry
quiosco (*m*) kiosk
quisiera (*vb*) I would like
quitar (*vb*) to take off; to clear;
    to remove

R

rápido (*adj*) fast
razón (*f*) reason
reacción (*f*) reaction, response
reaccionar (*vb*) to react, respond
en realidad in fact, actually
recado (*m*) message
recambio (*m*) de pluma
    spare cartridge, refill
recibir (*vb*) to receive, get
recién recently, newly
recipiente (*m*) container
recoger (*vb*) to tidy, clear
recreo (*m*) break time
recuerdo (*m*) souvenir
reformado (*adj*) renovated
refresco (*m*) cool soft drink
regalo (*m*) present, gift
regla (*f*) ruler; rule
regular (*adj*) all right, so-so
relajado (*adj*) relaxed
reloj (*m*) watch, clock
¡repite! (*vb*) repeat!
responsable (*adj*) responsible
respuesta (*f*) answer
resto (*m*) rest, remainder
resultado (*m*) result
resumen (*m*) summary
revista (*f*) magazine
¡qué rico! how tasty!
río (*m*) river
robar (*vb*) to steal
rojo (*adj*) red
romper (*vb*) to break, crack
ropa (*f*) clothes, clothing
rosa (*adj*) pink
rotulador (*m*) felt-tip pen
ruido (*m*) noise
ruidoso (*adj*) noisy
ruta (*f*) route
rutina (*f*) routine

S

sábado (*m*) Saturday
saber (*vb*) to know
sacapuntas (*m*) pencil sharpener
sacar (*vb*) to take (out); get
salas (*fpl*) de juegos
    amusement arcades
salir (*vb*) to go out, leave
salón (*m*) living room
salón-comedor (*m*) lounge-diner
salsa (*f*) sauce
saludos (*mpl*) greetings,
    best wishes
sangría (*f*) chilled fruit punch
sé (*vb*): no lo ~ I don't know
en seguida right away, immediately

según according to
segundo (*adj*) second
semana (*f*) week
señor (*m*) gentleman; Mr; sir
señora (*f*) lady; Mrs; madam
separado (*adj*) separated
septiembre (*m*) September
ser (*vb*) to be (*Gr 17*)
serio (*adj*) serious
serrano: jamón ~ cured ham
servicios (*mpl*) toilets
si if
sí yes
sido (*vb*) been (*Gr 24*)
siempre always
lo siento I'm sorry
me siento I feel
sierra (*f*) mountain range
¡silencio! (*m*) quiet!
silla (*f*) chair
simpático (*adj*) kind, friendly
sin without
sobre on; about
sobresaliente (*adj*) excellent
sólo only
somos we are (*Gr 17*)
son they are (*Gr 17*)
sopa (*f*) soup
¡qué sorpresa! what a surprise!
soso (*adj*) tasteless
sospechar (*vb*) to suspect
sótano (*m*) basement, cellar
su; sus his, her (*Gr 9*)
subrayado (*adj*) underlined
sucio (*adj*) dirty
¡qué suerte! how lucky!
¡suma! add up!
sur (*m*) south
sureste (*m*) south-east
suroeste (*m*) south-west
¡qué susto! what a fright!

T

tablado (*m*) float
¿qué tal? how are you?
también too, also, as well
tanto so much
tarde (*f*) afternoon
tarde late; más ~ later
tarjeta (*f*) card
tarro (*m*) (earthenware) pot, jar
tebeo (*m*) comic
telenovela (*f*) TV soap
temprano early
tener (*vb*) to have (*Gr 15*)
tengo (*vb*) I have (*Gr 15*)
terminar (*vb*) to finish
terraza (*f*) terrace, balcony
ti: para ~ for you
tía (*f*) aunt
tiempo (*m*) time
tienda (*f*) shop
tiene (*vb*) he/she has (*Gr 15*)
tienes (*vb*) you have (*Gr 15*)
tímido (*adj*) shy
tía (*f*) aunt
tío (*m*) uncle
típico (*adj*) typical
tirita (*f*) (sticking) plaster
me toca (a mí) it's my turn
te toca (a ti) it's your turn
    ¿a quién le toca?
    Whose turn is it?

tocar (*vb*) to play (a musical
    instrument)
todo all; every
    ¿es todo? is that everything?
    todos los días every day
¡toma! here you are!
tomar (*vb*) to take, have
    ~ el sol to sunbathe
tonto (*adj*) silly, stupid
torre (*f*) tower
tortilla (*f*) omelette
tos (*m*) cough
trabajar (*vb*) to work
trabajador (*adj*) hard-working
traer (*vb*) to bring
tranquilo (*adj*) quiet, peaceful
trasero (*adj*) back, rear
triste (*adj*) sad
triturado (*adj*) crushed
trozo (*m*) piece
tu; tus your (*Gr 9*)
tú you (fam) (*Gr 12*)
turrón (*m*) Spanish nougat
tutoría (*f*) form time, tutor group

U

un, una a, an (*Gr 2*)
único (*adj*) only
urgencias (*fpl*) casualty
usted you (*form*) (*Gr 12*)
útil (*adj*) useful
utilizar (*vb*) to use

V

vacaciones (*fpl*) holidays
¡vale! OK, fine, all right
vale-regalo (*m*) gift token
varios (*adj*) (*pl*) several
va (*vb*) he/she goes (*Gr 19*)
vas (*vb*) you go (*Gr 19*)
veces (*fpl*) times; dos ~ twice
vender (*vb*) to sell
venir (*vb*) to come
ventana (*f*) window
ver (*vb*) to see
verano (*m*) summer
verde (*adj*) green
vez (*f*) (*pl* - veces) time
vida (*f*) life
videoclub (*m*) video-hire shop
videojuego (*m*) video game
viejo (*adj*) old
viernes (*m*) Friday
vinagre (*m*) vinegar
vino (*m*) wine
vista (*f*): ¡hasta la ~ !
    see you soon!
visto (*vb*) seen (*Gr 24*)
vivo (*vb*) I live (*Gr 13*)
volver (*vb*) to return
vosotros you (*Gr 12*)
voy (*vb*) I go (*Gr 19*)
vuelo (*m*) flight
vuelta (*f*): dar una ~
    to go for a walk

Y

y and
ya already
yo I (*Gr 12*); ¡~! present!

Z

zumo (*m*) juice

Vocabulario Inglés–Español

Key to symbols: *(m)* masculine; *(f)* feminine; *(mpl)* masculine plural; *(fpl)* feminine plural; *(vb)* verb; *(adj)* adjective; *(fam)* familiar *(form)* formal; *(Gr)* see grammar section; ~ repeated word

A

a, an un *(m)*, una *(f)* *(Gr 2)*
above, on top of encima de
is absent no está
absent-minded despistado *(adj)*
afternoon tarde *(f)*
    good ~ ! ¡buenas tardes!
    in the ~ por la tarde
again otra vez
agreed, OK! de acuerdo
air conditioning
    aire *(m)* acondicionado
all is that ~? todo: ¿es todo?
all right, so-so regular *(adj)*
alphabet alfabeto *(m)*
also también
always siempre
I am soy/estoy *(vb)* *(Gr17)*
amusement arcades
    salas *(fpl)* de recreo
anchovies boquerones *(mpl)*
and y *(Gr 25)*
angry enfadado *(adj)*
annoyed, upset disgustado *(adj)*
another otro *(adj)*
anything algo;
    ~ else? ¿algo más?
April abril *(m)*
you are eres/estás *(vb)* *(Gr7)*
    are you? ¿eres? / ¿estás?
area región *(f)*, zona *(f)*
arm brazo *(m)*
armchair butaca *(f)*
to arrive llegar *(vb)*
art dibujo *(m)*
as, like como
to ask preguntar *(vb)*
assembly asamblea *(f)*
assessment (test) evaluación *(f)*
attic desván *(m)*
August agosto *(m)*
aunt tía *(f)*
autumn otoño *(m)*
away: it's 10 km ~
    está a 10 kilómetros
awful fatal *(adj)*
    how ~! ¡qué disgusto!

B

baby bebé *(m)*, *(f)*
back espalda *(f)*
back: at the ~ por detrás
bad malo *(adj)*
    the ~ thing is... lo malo es...
baker's panadería *(f)*
balcony balcón *(m)*
basement sótano *(m)*
bathroom cuarto *(m)* de baño
to be ser/estar *(vb)* *(Gr 17)*
beach playa *(f)*
beautiful (person) guapo
beautiful (thing, place)
    bonito, precioso
because porque
bed cama *(f)*
bedroom dormitorio *(m)*

bedside table
    mesilla *(f)* de noche
been sido / estado *(vbs)*
    (Gr 17, 24)
I beg your pardon te pido perdón
to begin empezar *(vb)*
behind detrás (de)
below debajo de
best mejor *(adj)*:
    the best thing... lo mejor...
best wishes un abrazo
better mejor (than... que...)
between entre
big grande *(adj)*
bike ride: to go for a ~
    ir *(vb)* de paseo en bici
bill cuenta *(f)*
biology biología *(f)*
biro boli *(m)*, bolígrafo *(m)*
birthday cumpleaños *(m)*:
    happy ~! ¡feliz cumpleaños!
a bit un poco
black negro *(adj)*
blister ampolla *(f)*
block (of flats) bloque *(m)*
blue azul *(adj)*
board pizarra *(f)*
body cuerpo *(m)*
book libro *(m)*
bookcase estantería *(f)*
boring aburrido *(adj)*
bottle botella *(f)*
bowling alley bolera *(f)*
box caja *(f)*
boy chico *(m)*
bread pan *(m)*
break (time) recreo *(m)*
to bring traer *(vb)*
brother hermano *(m)*; brothers
    and sisters hermanos *(mpl)*
but pero
butcher's carnicería *(f)*
to buy comprar *(vb)*

C

CAD (Computer Assisted Design)
    DAO (Diseño Asistido por
    Ordenador)
cake pastel *(m)*
cake shop pastelería *(f)*
calculator calculadora *(f)*
called... who is/are ~ ...
    que se llama/n ...
can (of drink) bote *(m)*, lata *(f)*
I can puedo *(vb)* *(Gr 18)*
canoeing: to go ~
    hacer piragüismo *(m)*
card tarjeta *(f)*
carpet, rug alfombra *(f)*
cartridge recambio *(m)* de pluma
cassette (tape) cinta *(f)*
cellar sótano *(m)*
central céntrico *(adj)*
central heating
    calefacción *(f)* central
centre: in the ~ en el centro

chair silla *(f)*
change, loose ~ cambio *(m)*
to chat, talk charlar *(vb)*
cheap barato *(adj)*
cheese queso *(m)*
chemist's farmacia *(f)*
chemistry química *(f)*
chest pecho *(m)*
chips patatas *(fpl)* fritas
church iglesia *(f)*
cinema cine *(m)*
city ciudad *(f)* grande
class, classroom clase *(f)*
classroom aula *(f)*
clean limpio *(adj)*
to clear the table
    quitar *(vb)* la mesa
climbing: to go ~
    hacer alpinismo *(m)*
clock reloj *(m)*
to close cerrar *(vb)*
coast: on the ~ en la costa
coffee café *(m)*; white ~ café
    con leche; black ~ café solo
coin moneda *(f)*
cold frío *(adj)*: I have got a ~
    tengo un catarro
colour color *(m)*
to come venir *(vb)*
compasses compás *(m)*
computer ordenador *(m)*
computer studies informática *(f)*
to copy copiar *(vb)*
corner: on the ~ en la esquina
cost: how much does it ~ ?
    ¿cuánto cuesta?
cough: I've got a ~ tengo tos *(m)*
country país *(m)*
countryside campo *(m)*
of course! ¡claro!
cousin primo *(m)*, prima *(f)*
cream, skin cream crema *(f)*
crisps patatas *(fpl)* fritas
croissant cruasán *(m)*
cupboard armario *(m)*
customer cliente *(m)*, *(f)*

D

Dad papá *(m)*
to dance bailar *(vb)*
date fecha *(f)*
daughter hija *(f)*
day día *(m)*
Dear ... (letter) Querido ... *(adj)*
dear, expensive caro *(adj)*
December diciembre *(m)*
delicatessen charcutería *(f)*
delicious rico *(adj)*, delicioso *(adj)*
department store
    grandes almacenes *(mpl)*
it depends depende
depressed deprimido *(adj)*
desk pupitre *(m)*
detached house chalé *(m)*
diary agenda *(f)*
dictionary diccionario *(m)*

difficult difícil (adj)
dining room comedor (m)
dinner, evening meal cena (f)
dirty sucio (adj)
disappointed decepcionado (adj)
disco discoteca (f)
dishes: to wash the ~
     lavar (vb) los platos (mpl)
district barrio (m)
to do hacer (vb) (Gr 14)
done hecho (vb) (Gr 24)
door puerta (f)
down, downstairs abajo
drama teatro (m)
to draw dibujar (vb)
dreadful, awful fatal (adj)
drink bebida (f)
     cool ~ refresco (m)
     crushed iced ~ granizado (m)
to drink beber (vb):
     you ~ it ... se bebe ...
dust polvo (m)

E
each cada
ear oído (m)
early temprano
east este (m)
easy fácil (adj)
to eat comer (vb)
     you ~ it ... se come ...
effort: to make an ~
     hacer (vb) un esfuerzo
end fin (m)
end: at the ~ al final
England Inglaterra
English inglés (m), inglesa (f)
evening: in the ~ por la tarde
every todo (adj), cada
     ~ day todos los días
everybody todo el mundo
everything todo
     is that ~ ? ¿es todo?
exam examen (m)
excellent sobresaliente (adj)
excited ilusionado (adj)
exciting: how ~ ! ¡qué ilusión!
excursion: to go on an ~
     ir de excursión (f)
exercise book cuaderno (m)
expensive caro (adj)
extrovert extrovertido (adj)
eye ojo (m)

F
face cara (f)
fairly, quite bastante
family familia (f)
famous famoso (adj)
far (away) (from) lejos (de)
farm finca (f)
father padre (m)
favourite favorito (adj)
February febrero (m)
fed up harto (adj)
I feel like ... tengo ganas de ...
felt-tip pen rotulador (m)
fever fiebre (f)
fine, well bien
to finish terminar (vb):
     I've finished! ¡ya he terminado!
first primero (adj)
first name nombre (m)

fish pescado (m)
fishing: to go ~ ir de pesca
fishmonger's pescadería (f)
fizzy con gas
flat piso (m), apartamento (m)
floor, storey planta (f); on the
     ground ~ en la planta baja
folder carpeta (f)
food alimentación (f), comida (f)
foot pie (m); on ~ andando
football: to play ~ jugar al fútbol
for para
for, by; times (maths) por
for, during durante
forest bosque (m)
to forget olvidar (vb); I've forgotten
     se me ha olvidado
form period, form time tutoría (f)
fountain pen pluma (f)
free libre
French francés
Friday viernes (m)
friend amigo (m), amiga (f)
fright: what a ~ ! ¡qué susto!
from de
front: at the ~ por delante
in front of delante de
fruit fruta (f)
fruit juice zumo (m) de fruta
fruit shop frutería (f)
fun, amusing divertido (adj)
funny gracioso (adj)
furniture muebles (mpl)

G
garden jardín (m)
generous generoso (adj)
geography geografía (f)
German alemán (m)
girl chica (f)
to go ir (vb) (Gr19)
to go in entrar (vb)
to go out salir (vb)
     good bueno (adj); the ~ thing is
          that... lo bueno es que...
     goodbye adiós; see you soon!
          ¡hasta luego! ¡hasta la vista!
     good-looking guapo (adj)
graffiti pintada (f)
grandfather abuelo (m)
grandmother abuela (f)
great, terrific fenomenal (adj)
green verde (adj)
grey gris (adj)
gymnastics, PE gimnasia (f)

H
half medio; ~ a kilo medio kilo
half past (two) (las dos) y media
hall entrada (f)
ham jamón (m)
hand mano (f)
handsome guapo (adj)
happy feliz (adj), contento (adj)
hard-working trabajador (adj)
to have tener (Gr 15); haber (Gr 24)
hay fever fiebre (f) del heno
he él (Gr 12)
head cabeza (f)
hello! ¡hola!
to help ayudar (vb)
her su, sus (Gr 9)
here aquí

hey! listen! ¡oye! (fam)
hey, waiter! ¡oiga camarero!
     (form)
his su, sus (Gr 9)
historical histórico (adj)
history historia (f)
holidays vacaciones (fpl)
home casa (f), hogar (m)
homework deberes (mpl); to do
     ~ hacer (vb) los deberes
honest honesto (adj)
horse-riding: to go ~
     hacer (vb) equitación
hot caliente (adj)
hot dog perrito (m) caliente
house casa (f)
how? ¿cómo?
how many? ¿cuántos?
how much? ¿cuánto?
hurts: my foot ~ me duele el pie

I
I yo (Gr 12)
no idea! ¡ni idea!
     ice: with ~ con hielo (m)
     ice rink pista (f) de hielo
     if si
     important importante (adj)
     in en
     intelligent, clever inteligente (adj)
it interests me me interesa
     interesting interesante (adj)
to invite invitar (vb)
     Ireland (Northern) Irlanda del
          Norte; Republic of Ireland
          Irlanda del Sur
to iron planchar (vb)
it irritates me me fastidia
     is es / está (vb) (Gr 17)
     island isla (f)
     IT informática (f)

J
jacket chaqueta (f)
jam mermelada (f)
January enero (m)
jar bote (m)
judo: to do ~ hacer (vb) judo (m)
juice zumo (m)
July julio (m)
June junio (m)

K
a kilo of un kilo (m) de
kilometre kilómetro (m)
kind, simpático (adj)
     how kind! ¡qué amable!
kiosk quiosco (m)
kitchen cocina (f)
know: I don't ~ no lo sé

L
lamp lámpara (f)
late tarde; later más tarde
lazy perezoso (adj)
to learn aprender (vb)
at least por lo menos
left: on the ~ a la izquierda
leg pierna (f)
lemon limón (m)
lemonade limonada (f)
lesson clase (f)
letter carta (f)

letter (of the alphabet) letra (f)
light luz (f)
I like me gusta (Gr 21)
lilac lila (adj)
list lista (f)
to listen escuchar (vb)
a litre of un litro (m) de
little, small pequeño (adj)
a little un poco
to live vivir (vb)
lively animado (adj)
loads of un montón de
loaf (of bread) barra (f) (de pan)
loft desván (m)
London Londres
to look at mirar (vb)
loose change cambio (m)
to lose perder (vb)
lots mucho
lounge salón (m)
lounge-diner salón-comedor (m)
love from ... besos (mpl)
I love, really like me encanta
lucky: how ~ ! ¡qué suerte! (f)
lunch comida (f)

M

I'm mad about ... me chifla ...
to make hacer (vb)
map mapa (m), plano (m)
March marzo (m)
marks: to get good ~
    sacar (vb) buenas notas (fpl)
market mercado (m)
marvellous estupendo (adj)
match: football ~
    partido (m) de fútbol
mathematics matemáticas (fpl)
matter: it doesn't ~ no importa
matter: what's the ~ ¿qué pasa?
May mayo (m)
me: for ~ para mí
meal comida (f)
mean: what does it ~ ?
    ¿qué significa?
meat carne (f)
medical room enfermería (f)
medicine medicina (f)
milk leche (f)
milkshake batido (m)
mineral water agua (f) mineral;
    fizzy con gas; still sin gas
modern moderno (adj)
Monday lunes (m)
money dinero (m)
month mes (m)
more más
morning: in the ~ por la mañana
mother madre (f)
mountain montaña (f)
mountains: in the ~ en la sierra
mouth boca (f)
Mum mamá (f)
music música (f)
my mi, mis (Gr 9)

N

my name is ... me llamo ...
near cerca de
neighbourhood barrio (m)
neither ... nor ... ni ... ni ...
nephew sobrino (m)
nervous nervioso (adj)
never nunca

new nuevo (adj)
next, then después, entonces
next to junto a
nice, pretty bonito (adj)
nice amable (adj)
    how ~ ! ¡qué bien!
niece sobrina (f)
at night por la noche (f)
night: good ~ ! ¡buenas noches!
noisy ruidoso (adj)
north: in the ~ en el norte (m)
north-east noreste (m)
north-west noroeste (m)
nose nariz (f)
not no
note, banknote billete (m)
nothing else nada más
November noviembre (m)
now ahora

O

o'clock: it's one ~ es la una
    it's two ~ son las dos
October octubre (m)
of de
oil aceite (m)
OK, all right vale, de acuerdo
old: I'm ... years ~ tengo ... años
old viejo (adj)
old, ancient antiguo (adj)
olive aceituna (f)
omelette tortilla (f);
    Spanish ~ tortilla española
on en, sobre: ~ Monday el lunes
onion cebolla (f)
only único (adj);
    only son hijo único;
    only daughter hija única
only sólo
out: to eat ~ comer (vb) fuera
opinion: in my ~ en mi opinión (f)
opposite enfrente de
optimistic optimista (adj)
or o
orange naranja (f)
orangeade naranjada (f)
organised organizado (adj)
other, another otro (adj)
outskirts: in the ~
    en las afueras (fpl)

P

packet paquete (m)
paper: sheet of ~ hoja (f)
pardon, sorry perdón (m)
parents padres (mpl)
park parque (m)
party fiesta (f)
pen, biro boli, bolígrafo (m);
    fountain pen pluma (f)
pencil lápiz (m)
pencil case estuche (m)
pencil sharpener sacapuntas (m)
penfriend corresponsal (m), (f)
pepper pimiento (m)
pessimistic pesimista (adj)
photo foto (f)
physics física (f)
picturesque pintoresco (adj)
pigsty pocilga (f)
pink rosa (adj)
pity: what a ~ ! ¡qué pena!
place lugar (m)
to play (a game) jugar (vb) a

to play (an instrument) tocar (vb)
playground patio (m)
please por favor
pleased (to meet you) encantado
pleased, happy contento (adj)
poem poema (m)
polite educado (adj)
poor (mark) deficiente (adj)
porch porche (m)
port, harbour puerto (m)
postcard postal (f)
pottery, ceramics cerámica (f)
to prefer preferir (vb) (Gr16)
present! / here! ¡yo! / ¡sí!
present, gift regalo (m)
pretty, nice bonito (adj)
pretty, good-looking guapo (adj)
problem problema (m)
projector proyector (m)
PSE educación (f) cívica
pupil alumno (m), alumna (f)
purple morado (adj)
to put poner (vb)

Q

quarter past (time) y cuarto
quarter to (time) menos cuarto
quiet, peaceful tranquilo (adj)
quiet, reserved callado (adj)
quite, fairly bastante

R

rather, quite bastante
to read leer (vb)
ready listo (adj), preparado (adj)
to record grabar (vb)
red rojo (adj)
refill recambio (m) de pluma
report (school) boletín (m)
responsible responsable (adj)
to rest descansar (vb)
to return volver (vb)
right: on the ~ a la derecha (f)
right away en seguida
river río (m)
room habitación (f), cuarto (m)
rubber, eraser goma (f)
rubbish: to take out the ~
    sacar (vb) la basura
rucksack mochila (f)
rug, carpet alfombra (f)
rule regla (f): ruler regla (f)

S

sad triste (adj)
salad ensalada (f)
same mismo (adj)
sandwich bocadillo (m)
sardine sardina (f)
Saturday sábado (m)
sausage: spicy ~ chorizo (m)
to say decir (vb); you don't say!
    ¡no me digas!
school instituto (m), colegio (m)
science(s) ciencias (fpl)
Scotland Escocia (f)
season estación (f) (del año)
second segundo (adj)
section sección (f)
to see ver (vb)
selfish, egotistical egoísta (adj)
semi-detached house
    casa (f) adosada
September septiembre (m)

serious serio (adj)
to set the table poner (vb) la mesa
she ella (Gr12)
shop tienda (f)
shopping centre centro (m) comercial
shopping: to go ~ ir (vb) de compras
shy tímido (adj)
sick: I feel ~ tengo náuseas
silly tonto (adj), estúpido (adj)
sister hermana (f)
skiing: to go ~ esquiar (vb)
to sleep dormir (vb)
small pequeño (adj)
so, then entonces
so-so, all right regular
something algo
son hijo (m)
soon pronto
sore: my hand is ~ me duele la mano
south: in the ~ en el sur (m)
south-east sureste (m)
south-west suroeste (m)
souvenir recuerdo (m)
Spain España (f)
Spanish español (adj)
to speak hablar (vb)
spell: how do you ~ ...? ¿cómo se escribe ...?
sport deporte (m)
sports centre polideportivo (m)
spring primavera (f)
squid calamares (mpl)
stadium estadio (m)
stairs escaleras (fpl)
to start empezar (vb)
stepbrother hermanastro (m)
stepfather padrastro (m)
stepmother madrastra (f)
stepsister hermanastra (f)
sticking plaster tirita (f)
sting, bite picadura (f)
stomach, tummy estómago (m)
store: department ~ grandes almacenes (mpl)
street calle (f)
stressed-out estresado (adj)
strong fuerte (adj)
to study estudiar (vb)
stupid estúpido (adj), tonto (adj)
subject: school ~ asignatura (f)
summer verano (m)
to sunbathe tomar (vb) el sol
Sunday domingo (m)
supermarket supermercado (m)
surname apellido (m)
surprise: what a ~ ! ¡qué sorpresa! (f)
sweets bombones (mpl)
swimming: to go ~ nadar (vb)
swimming pool piscina (f)

T

T-shirt camiseta (f)
table mesa (f)
tablet, pill pastilla (f)
to take tomar (vb)
to take off, remove quitar (vb)
to take out sacar (vb)
talkative, chatty hablador (adj)

tall grande (adj)
to taste, try probar (vb)
tasty rico (adj), delicioso (adj): how ~! ¡qué rico!
tea té (m)
teacher profesor (m), profesora (f), profe (fam)
telephone teléfono (m)
to telephone llamar (vb), telefonear (vb)
television: to watch ~ ver (vb) la televisión (f)
to tell decir (vb); tell me dime
temperature, fever fiebre (f)
terrace terraza (f)
terrific, great fenomenal (adj)
thank you gracias
that, which que
the el, la (Gr 3)
theatre teatro (m)
theme park parque (m) de atracciones
then, next luego, entonces
there is / there are hay
they ellos (Gr 12)
thing cosa (f)
think: what do you ~ ? ¿qué opinas?
throat garganta (f)
Thursday jueves (m)
to tidy recoger (vb)
time: what ~ is it? ¿qué hora es?
time: on ~ a tiempo
timetable horario (m)
tin, can lata (f)
tired cansado (adj)
tissues tisús (mpl)
to a (Gr 6)
to (time) menos
today hoy
tomato tomate (m)
tomorrow mañana
too también
too, too much demasiado
tooth diente (m), muela (f)
toothpaste pasta (f) de dientes
on top of sobre, encima de
touristy turístico (adj)
tower block torre (f)
town, city ciudad (f)
trip: to go on a ~ ir de excursión
truant: to play ~ hacer (vb) novillos
trumpet trompeta (f)
true verdad
to try, taste probar (vb)
tube tubo (m)
Tuesday martes (m)
tutor, form teacher tutor (m), tutora (f)
TV tele (f)
twice dos veces
twin gemelo (m), gemela (f)
type tipo (m)
typical típico (adj)

U

ugly feo (adj)
uncle tío (m)
under, below debajo de
to understand entender (vb)
I don't ~ no entiendo
unfriendly antipático (adj)

until hasta
up, upstairs arriba
usually normalmente
utility room lavadero (m)

V

vacuuming: to do the ~ pasar (vb) la aspiradora (f)
valley valle (m)
vegetarian vegetariano (adj)
very muy
very good (report) notable
video game videojuego (m)
video-hire shop videoclub (m)
video (recorder) vídeo (m)
video (tape) cinta (f)
village, small town pueblo (m)
vinegar vinagre (m)
to visit visitar

W

waiter camarero (m)
waitress camarera (f)
Wales Gales
walk: to go for a ~ ir (vb) de paseo, dar (vb) una vuelta
to want querer (Gr16)
wardrobe armario (m)
to wash lavar (vb)
watch reloj (m)
water agua (f); mineral ~ agua mineral
no way! ¡ni hablar!
Wednesday miércoles (m)
week semana (f)
well, fine, OK bien
west oeste (m)
what? ¿qué?; what's your name? ¿cómo te llamas?
what is ... like? ¿cómo es ...?
so what! ¡y qué!
when? ¿cuándo?
where? ¿dónde?
where ... (to)? ¿adónde?
which? ¿cuál?
white blanco (adj)
who? ¿quién?
why? ¿por qué?
window ventana (f)
wine vino (m)
winter invierno (m)
with con; ~ me conmigo, ~ you contigo
without sin
wonderful estupendo (adj)
word palabra (f)
to work trabajar (vb)
work: it doesn't ~ no funciona
worksheet hoja (f) de actividades
worried preocupado (adj)
worse, worst peor: the worst thing lo peor
to write escribir (vb); write soon! ¡escríbeme pronto!

Y

years old: I'm ... ~ tengo ... años
yellow amarillo (adj)
yes sí
you (fam) tú, vosotros (Gr 12)
you (form) usted, ustedes (Gr 12)
young joven (adj)
your tu, tus (Gr 9)
youth club club (m) de jóvenes